ソシオ情報シリーズ**23**

変容する社会と課題の認識と設計

―社会課題の解決に向けて―

目白大学社会学部社会情報学科 [編]

三弥井書店

はじめに

　2024年は、元旦の能登半島地震、翌2日の羽田空港・日航機衝突事故と、大きな災害・事故とともに年明けを迎えた。昨今の社会情勢ともあいまって、何とも言い難い、不穏な、気ぜわしい心情にかられた読者も少なくないだろう。周知のとおり、ロシアによるウクライナ侵攻は長期化し、イスラエル・ハマスの戦闘も停戦のめどが立たず、国際情勢は予断を許さない状況が続いている。国内に目を転じれば、2023年から2024年にかけて、コロナ禍をめぐる社会状況の急転、ジャニーズ問題、自民党派閥裏金問題、トヨタグループ不正問題…と、災害、事故、戦争にくわえ、従来の社会のありようや常識、権威、将来展望をも揺るがしかねない現象や問題・課題が噴出している。

　こうした社会情勢をふまえ、本書に通底するテーマは、「社会における変化・変容と課題の認識・設計」である。社会の諸領域で進みつつある変化や変容の状況・動向の認識、課題や問題の分析・解釈、そしてそれらへの対応や改善に向けた設計・実践について論じる内容となっている。この「ソシオ社会」シリーズの近刊2巻においても、近年における社会の変化・変容の主要因となってきた「コロナ禍」と「AI・IT・DX」を特集テーマとして取り上げており、それらの延長上に本書を位置づけることができる。

　現代社会における変化・変容は、ミクロレベルでのコミュニケーションやつながり・関係性をはじめ、メゾレベルでの集団・組織・地域のありよう、さらには政治・経済・産業・文化といったマクロな社会システムまで社会の諸領域に及んでいる。それらに向けて、本書では2つの方向からアプローチを試みる。

　一つは、社会の変化・変容にともなう問題や課題を発見・発掘し、それらの的確な分析・解釈をふまえて、適切な対応のありかたを設計・実践していこうとするアプローチである。本書の前半では、社会における分断・対立、参加型社会、国際化・グローバル化、消費社会、そしてコロナ禍といった変化・変容とそこで生じる現象や問題に対し、各執筆者なりの視点や手法から、課題の発見、現況の認識、問題への対応などが議論されている。

　もう一方のアプローチは、社会（産業・文化等）における変容について、情報、IT（情報技術）・AI（人工知能）、デジタル・DX、メディアとの関わりを絡めて、分析、認識、設計するものである。本書の後半では、主に産業と文化に関するトピックが取り上げられ、水産業におけるAIの活用、DXによるファッションと「着る」という経験の価値変容、絵本というメディアにおける新たな読書体験の設計、SNSがアイドルとそのファンにもたらす変化について論じられている。

　以上2つのアプローチは、社会現象・社会問題を取り扱う際に、本学科においてとられる主要な手続き・手法でもある。本書を通じて、取り上げられたトピックに関する認識を深めるとともに、社会の様々な変化・変容に関する現状や課題の認識、問題の解決や対応を論じる際の考え方や着眼点、手法といった面でも読者の参考になれば、各執筆者にとって無上の喜びである。

　なお、各章で記述・表明されている内容や意見・主張、その根拠となるデータ等は、各執筆者の研究成果にもとづいており、執筆者個人が一切の責任を負うものである。大学や学科としての公式の立場・見解ではないことを、あらかじめお断りしておく。また、読み進めるうちに、執筆者間での視点や見解の違いにも気づかれるかもしれない。それも多様性を重視し、自らと異なる見解・立場も尊重し理解しようとする本社会情報学科ならではの特長の一つとして、ご了承願いたい。

　最後に、三弥井書店で編集をご担当いただいた吉田智恵さんには、今回も様々なご面倒をおかけしましたが、親身にご対応いただきました。この場を借りて、御礼申し上げます。

　2024年1月

　　　　　　　　　　　　　　　　　　　　　　　　　　　編　者

目　次

Ⅰ　社会課題の認識と設計

第1章　社会的対立に関する現象学的研究のための試論

廣重　剛史

はじめに

　本稿は、社会的な対立の起源を現象学的に考えるための、一つの試論である。ただし、現象学的研究のなかでは関連する研究もある。たとえば現象学的な知識社会学や、その影響を受けたエスノメソドロジーなどの社会構成主義的なアプローチが挙げられる。しかし本稿では、対立がまさに「対立」として人々の意識に現れてくる過程を原理的な次元で考察しようとする。そのため、日常的な知識や言説に焦点をあてる、上記のアプローチは採用しない。

　ところで、本稿でいうところの「社会的な対立」とは何か。市民社会と国家の対立か、労働者と資本家の対立か、国際紛争や内乱か。あるいは、コロナ禍でのワクチン接種やマスクの着用をめぐる、専門家も巻き込んだ社会的分断か。本稿で考察しようとすることは、社会的対立の原理的な現象構造であるため、本来はそれらすべての事象に応用可能であるはずである。しかし本稿は「試論」という立場から、それらの事象に適用可能かどうかは保留にしたまま、筆者が恣意的に選択したひとつの事例を検討する。その事例とは、筆者自身がいわゆる「開発反対派」として関与している、埼玉県さいたま市の新アリーナ建設をめぐる行政と住民の対立である。しかし、ここで注意しておきたいことは、この事象はあくまで理論を検討するための事例であり、本稿の主眼は現象学的社会哲学の原理的考察にある。

1　現象学的視座について

　まず、本稿における現象学の基本的な視座について確認する。現象学とは、ここでは20世紀初頭にフッサールが始めた哲学上のひとつの立場を指している。その立場も論者の解釈によって若干異なるが、本稿では、われわれの経験が経験として成立する要素やそれらの関係を、心理学も含めた科学的な知

見を最終的な根拠とせずに、自らの経験の徹底した内省によって明らかにしていこうとする立場を指すことと考える。

　しかし、経験成立の根拠が自己の内省であるということは、現象学は、結局は個人的主観的な主張の範囲を免れないのではないかという批判もある。たとえば「誰かと言い争いをした」という経験を取り上げたとき、その根拠が「相手が侮辱したからだ」という内省に基づくならば、それは主観的主張であろう。しかし、現象学が明かにしようとすることはそうではなく、「私はその相手をどのような対象＝意味として捉えていたのか」「言い争いにいたるまでに、どのような出来事があったのか（そしてその出来事を、自分はどのような意味として捉えていたのか）」などを、自己の価値判断を前提とせずに（判断中止して）、当該経験を分解して、その主観的意識の構造そのものを明らかにしようとすることが、現象学的な視点の特徴である。そのため、すでに別稿でも指摘したが、現象学は、無自覚に自らの正義を振りかざしてしまう危険性から、一度その判断を中止することによって、意識的に「別の可能性」を考えることを可能にする（廣重2023: p.128）。

　しかしそれでは、本稿で取り上げる「行政と住民の対立」という構図において、筆者が「開発反対」という立場を表明することは、上記で説明した現象学的立場と矛盾するのではないかという批判も考えられよう。この点に関しては、まずもって現象学が、人が生きるうえで日常的な価値判断を否定するものではないことを挙げれば十分であろう。そして、現象学的態度と日常的態度との関係性については、本稿の最後で検討を加えたい。

2　社会的対立の事例
——さいたま市の新アリーナ建設をめぐって

　それではここで、まず「行政と住民の対立」という社会現象に対して、現象学がどのような枠組みで考えるかをあらかじめ明らかにしておきたい。そのポイントの第一は、すでに述べたように「行政と住民の対立」を所与として扱わないということである。現象学においては、その対立はもちろん「特定の観察者」にとって「対立」という意味として現象していると考える。異議申し立てをする当事者にとって、行政との対立は間違いなくリアリティを

もった意味として存在する。しかしその場合、「対立」を客観的な事実として固定化するのではなく、「誰にとって、『対立』として捉えられるのか」という、観察者（あるいは意味付与者）を、考察の俎上に乗せることが現象学的には重要である。

　次に、この場合の観察者には、たとえば、①開発を推進する行政の立場、②開発に反対する（一部の）住民の立場、③開発に賛成する住民の立場、④それ以外の第三者の立場などが考えられる。そのなかでも本稿では、とくに②の、開発に反対する住民の立場を事例として取り上げる。なぜならば、筆者自身が②の立場であることから、現象学的に内省的に明らかにするのにふさわしいという理由だけではなく、そもそも②の反対が無ければ「行政と住民の対立」それ自体が成立しないからである。そのため、本稿の問いは、「反対する住民にとって、なぜ『行政と住民の対立』という経験＝意味が生じたのか」を明らかにすることとなる。

　ここで以下、本稿の事例となる、埼玉県さいたま市での新アリーナ建設反対運動が開始された経緯について、その概要を必要な範囲で整理しておきたい。なお、2023年11月現在、反対運動は中心メンバーの変更などを伴いながら継続中である。

　問題の発端は、2023年、さいたま市中央区にある約8 haの広場に、さいたま市が「次世代型スポーツ施設」として、観客席5000人以上となる新アリーナの建設計画を公表したことにはじまる。しかし、この公表時期がひとつの問題をはらんでいる。資料で確認できるかぎり、さいたま市が「都市経営戦略会議」で、その方向性を決定したのが2022年5月である（さいたま市スポーツ政策室）。その後、市が募集した地域住民からなる「与野本町周辺地区まちづくり協議会」において、その年の8月と、翌23年1月に意見交換がおこなわれたことが確認できる（与野本町駅周辺地区まちづくり推進協議会a、同b）。そして、市のホームページには、2月17日からパブリックコメントが募集されたとあり（さいたま市b）、上記協議会の3月付発行の会報に、はじめて5000人規模のアリーナ建設という内容が掲載された（与野本町駅周辺地区まちづくり推進協議会b）。その同月3月3日と7日に住民説明会が開催されたが、

その際、行政自身が説明会の周知期間が短かったことを認めている（さいたま市c:p.4）。パブコメは3月20日までおこなわれ、4月の統一地方選挙を挟んで、「（仮称）次世代型スポーツ施設基本計画」が公表されたのは5月11日である（さいたま市a）。このように、多くの住民が知らないうちに「高さ20メートル」ともいわれる新アリーナの建設が周知決定されたことが、その後の反対運動の契機のひとつとなっている。

　ここで、一口に「住民の反対運動」といっても、その中身は多様であることに注意が必要である。まず、今回の反対運動には、個人で反対する人々と、組織的な活動が入り組んでおり、23年11月現在、約3500筆の反対署名の数から考えると、圧倒的に個人で反対する人々が多い。個人での関わり方には、個人的な署名や集会への参加などがある。筆者自身は、反対住民の10名弱の有志からなる「市民不在の新アリーナ建設に反対するさいたま市民の会」（以下、「市民の会」）の事務局に参加しているが、組織的な活動をしているメンバーのなかでも、参加の動機は様々であることが見受けられる。たとえば事務局メンバーのなかには、建設予定地の土地の一部を、旧与野市時代に行政から「市民が憩える公園にする」と言われて手放した元地権者や、建設により子どもの遊び場が減り、騒音や日当たりなどの問題にも直面する可能性がある近隣住民や、現さいたま市長の政策手法に反対する理念的な観点から参加する住民などがいる。なお、市民の会の党派性に関しては、特定の政党を支持する住民もいるが、それとは異なる政党や議員支持者もいるため、特定のイデオロギーで構成された団体ではない。

　そのなかで筆者は、23年3月に自宅に投函されたチラシからこの問題をはじめて知り、自宅が建設予定地まで徒歩5分程度と近いことから関心をもって市にパブコメを書いた。その際、念頭にあったのは、近くに小川もあり開放的な空間が魅力である場所に、巨大なアリーナが建設されることに反対する気持ちと、かつて洪水による激甚災害に指定された建設予定地の地盤が非常に軟弱なため、巨大施設を建設することは危険ではないかという防災や安全性の観点である。その後、地域の知人を介して、グループの立ち上げメンバーから会合に誘われたことで、6月にグループに加入した。しかし、そのグループといっても、まだ筆者が参加した当初は会の名前すらついておら

ず、活動方針についても意見が分かれることもあり、そこで参加が遠のいた
人たちもいる。結果的に10名弱ほどのメンバーで安定し、定期的に署名用紙
の作成・配布、街頭での署名活動や宣伝、市役所への署名提出、報告会や勉
強会などをおこないながら、現在まで活動が継続している。そのなかで筆者
は、上記報告会での司会のほか、SNS 担当として集会参加者とのチャット
グループ作成、SNS での情報発信、ネット署名の管理などを可能な範囲で
担当している[1]。

3　社会的対立の現象学

　以上が、筆者が確認したかぎりでの反対運動のはじまりと、そのなかにお
ける筆者の参加の経緯である。このような住民運動を社会学的に調査・考察
する場合には、当然行政の立場も含めて、より広範囲の資料の収集・分析と
客観的な記述が求められよう。しかしながら、本稿の目的は、すでに述べた
ように社会的対立の起源に関する現象学的な原理を考察することである。そ
のため、事例に関する検討は以上に留め、以下では上記の経験を事例とした
「行政と住民の対立」という意味が、特定の観察者甲（この場合筆者）に発生
するプロセスを現象学的に考察する。

　ここまず、観察者甲にとって、行政が対立的に捉えられるとはどういうこ
とか。本稿の事例でいえば、それは、さいたま市が新アリーナの建設計画を
進めようとしており、それに対して甲が抵抗感を感じて「望まない計画」や
「撤回させたい計画」として認知しているということだといえる。その計画
の公表に関しては、前項で述べたとおり、およそ23年の3月から5月にかけ
ての時期であるが、甲にとっては3月にチラシで情報を得たときだった。そ
れ以前に甲がさいたま市政に対して特別な関心や不満を抱いていたというこ
とはない。したがって、甲の意識について考えるならば、市政に関して特別
な関心を抱いていなかった、いわば「無関心」のなかから、建設計画の情報
を得ることで「望まない計画を進めるさいたま市」という対象＝意味が、甲
の意識に現象してきたと考えることができる。
　なお、ここでその対象が、甲にとってどこまで明晰判明な対象として捉え

られているかといえば、いまだその対象の輪郭は不鮮明だというほかない。たとえば具体的な個人などの実在物なら輪郭は身体性を媒介として明確に把握されるが、ここでの対象は「行政」という抽象的で観念的なシステムである。行政に関する専門家ではない市民の会や甲にとって、当該建設計画のどこが（あるいは誰が）立案者であり、どこに（あるいは誰に）働きかけをすれば最も効果的なのかが、市民の会でも今なおひとつの問題である（現在は「市長」にいかに反対運動を認知させ、再考を迫るかが中心となっている）。

　また、行政側の建設計画に関する情報も、学習会等を経るごとに深まっている。そのなかで、市の計画そのものの背後に、国のアリーナ建設推進の動きや、市と民間企業との関係性も見えてくることで、そもそも輪郭が不鮮明な対象（市政）に関する印象や意味が、さらに変容しつづけているのが実際の状況である。ただし、もちろんこうした対象の不鮮明な輪郭、すなわち行政の意思決定過程の見えづらさや、前掲の協議会以外の人間が主体的に意見表明する機会が正式に認められていないことが、市政を「望まない計画を進める市政」として、反対住民に対立意識を生み出しているといえる[2]。

　それでは次に、そのような市政に対する相対的な無関心から、アリーナ建設反対へと「市政への対立」意識を生み出した甲の意識の背景知はどのようなものか。それは、建設計画がある広場への愛着や、甲自身の過去の経験（東日本大震災後に被災地の防潮堤建設問題にかかわった際の、行政対住民の対立という経験）が大きな要素として思い当たる[3]。その意味では、さいたま市政に対する特別な関心は無かったものの、建設計画を知ったときの観察者甲の潜在的な意識の地平には、一般的な図式として、行政の開発計画に対する基本的な問題意識が沈殿していたということができる。そのことが、甲自身が直接的な当事者となる（建設計画の）情報を得たとき、その眠っていた認識図式が活性化され、対象すなわち市の計画を対立的に把握することにつながったと考えることができるであろう。

　しかしながら、その「愛着」という感情や、「行政対市民」という認識図式は、建設計画を知らされることがなければ活性化されず、それだけをもって市政へ対立するような自己意識が形成されることはなかった。その意味で、対象に関する無関心的な領域に建設計画という情報（出来事）が亀裂を

生じさせ、さいたま市政が問題をはらむ対象として浮かびあがるとほぼ同時に、甲自身の「静穏な環境を求める住民」としての自覚が形成されたといえよう。それはすなわち、「望まない計画を進める市政」と「当該地域に愛着や関心を抱く住民」という対立的に捉えられる意味が、ある情報を介して、ほとんど同時に成立しているということを意味している。

　ただし、その対立意識は、甲の個人的な意識の働きのみによって成立したということではない。この点に関しては、他者の視線、とりわけ本活動の新聞報道などが内面化されることにより、「市政に対立する住民」という意識が自覚化あるいは強化された面もあると考えられる[4]。すなわち、当該事象を知った以上、直接的な当事者ではない第三者も、決して純粋な観察者ではありえず、社会的対立の強度を高める働きに関与している。この点も、社会的対立の成立においては重要な要素だと考えられる。

4　社会的対立の発生原理

　以上が、さいたま市の事例を通じた、社会的対立に関する現象学的考察である。本稿の目的は、これをより原理的な次元で把握することにある。その作業により、第三者による検討にも開かれ、他の事例についても適用できるような現象学的視座の構築が期待できよう。

　さて、前項の考察において見出された最も本質的なポイントは、簡潔に言えば「無関心からの、情報入手を契機とした、対立項（Ａと反Ａ）の成立」ということができる。それではなぜ、無関心からＡや反Ａという対象＝意味が成立するのかといえば、無関心は「無知」ではなく、意識化されない次元において、市政の存在や甲自身の過去の経験から得られた認識図式などが、「それ」と対象化されることなく眠っていたからだといえる。このような無意識的な次元において、今回は偶然得た情報が、眠っていた「行政対住民」という意味を確認、再活性化する方向で働いた[5]。しかし、もし今回の新アリーナ建設が十分に周知され、多くの住民が意見を積極的に求められる環境にあったならば、その図式が修正される方向で対象化された可能性も十分ある。その意味では、無意識の次元において不活性化している（眠っている）

意味の枠組みは、完全に自立しているわけではなく、他の潜在化している意味と結びついて、如何ようにも変容されるネットワークとして存在していると考えることができるであろう。

　したがって、顕在化された対立項もまた完全に自立しているわけではなく、様々な意味のネットワークのなかから、ある契機を通じて意識の前景に出てきたものだと考えることができる。しかしまた、それが他者（前項の事例では新聞報道など）からみたときには、対立項のみが自立的に認識されるため、それだけがクローズアップされることになりがちである。そして、そのネットワークから切り離された対立項を、当事者自身が客観的なものとして受け入れることで、本来ネットワークの一部である対立項が、完全に自立したものと誤解されるようになると考えられる[6]。

　顕在化されない意味のネットワークのなかから、Ａと反Ａはペアになって成立する[7]。このことが社会的対立の理解において意味するところは何か。そのひとつとして、たとえば正義と不正義の成立について考えることができる。上記の見解にしたがえば、正義は正義だけで存在するのではなく、不正義という意味を成立させる過程において、自らを正義として自覚化させるということができる。しかしながら、正義も不正義も本来は変容しうる意味のネットワークのなかから、そのいくつかの要素が結びついて活性化することにおいて、相対的に自立化するものだと現象学的には捉えられる。

　もちろん、現実のある社会（や集団）においては、すでに一定の価値体系が法や倫理として日常化している以上、ある社会における正義は（その社会では）正義であることは明白である。しかしながら、本稿の視点が照射するのは、正義と不正義が、ある意味のネットワーク、たとえば歴史的な文脈から、何らかの出来事を契機に相対的に自立化したものだということである。そして、それが他者の目を介して、正義を掲げる当事者が属する社会において、その価値観を内面化することによって、自らの正義が歴史的相対的なものだという理解から離れて絶対化されてゆくように思われる。すなわちそれは、別の社会や集団から見れば、甲の正義が乙の不正義に、乙の不正義が丙の正義になりうる可能性が原理的に残りつづけるということである。そのような他者との対立をどのように調停しうるのかは、本稿の問いを大きく超え

るため、ここで回答することはできない。しかしながら、正義と不正義が自立化する手前の状態に関する想像力は、それをもう一度相対化させ、他者との対話の可能性を用意する意味でも重要であろう。

おわりに

　以上のことから、現象学的態度を取ることによって、Aと反Aは起源をひとつにする相対的・相関的な意味として位置づけられた。それではこのような現象学的態度を経ることが、日常的態度、すなわち本稿の事例に即せば市政に対する反対運動にどのような変化を生み出すのか。筆者自身に関していえば、現象学的視座から今回の問題を振り返ったあとも、市政に対して新アリーナ建設の計画撤回を求める意思に変化はない。ただし、それは自己の正義を押し通すためではなく、筆者にとっていまなお曖昧な輪郭を持ち続けている対象（＝市政）を明確に認識し、その対象と対話を交わし、より良い広場を多くの住民が関与しながら形成していくためである。

　しかしながら、すでにAと反Aの対立自体が広く知られることで固定化し、そこでどちらかからの一方的な力の行使、とりわけ物理的な暴力が行使された際に、この現象学的な「潜在的な意味のネットワークからの対立項の成立」という視点は、どのような意味を持ちうるのか。暴力が発生した時点ですでに、現象学が有効となる次元とは異なる次元に問題が移行するのか。もしくは、暴力が一時でも停止した後の反省において、対話を進展させる可能性を現象学が持ちうるのか。そして究極的には、Aと反Aの対立がいずれかの抹消、死に至ったときに、死が終止符を打つのではなく、それが誰かに何らかの意味をもちつづけてゆくのか。本稿は以上の問いには答えることはできず、課題のまま残されている。

注

1　報告会の内容は、たとえば埼玉新聞（2023年8月9日）「さいたまに新アリーナ…「市民の声聞いていない」「説明不十分」反対署名1800筆超に　市民団体が中間報告会」＜https://www.saitama-np.co.jp/articles/40044/postDetail＞などを参照されたい。また、ネット署名に関しては、市民不在の新アリーナ建設に反対するさいた

ま市民の会（2023年8月15日）「緑と水辺の豊かな『さいたま与野中央公園』を守るために、巨額の市税を投じるアリーナ計画を白紙に戻してください！」<https://www.change.org/NoYonoArena> を作成し、2023年11月現在、約4300筆の署名がある。

2　一部の住民が新アリーナ建設に反対している大きな理由のひとつに、「5000席以上の観客席を有する規模」という大きさの問題がある。この規模の根拠として、プロバスケットボールチームの本拠地としての利用が考えられており、特定の民間企業との関係が住民から問題視されている。また、住民の要望で2023年9月に再度開催された住民説明会の募集では、市のホームページから出席希望を提出する際に、出席可能な地域が限定され、また住所等の個人情報が集められている点が批判され、住民の市政に対する不信感を広げている。

3　筆者と東日本大震災時の防潮堤問題との関わりに関しては、たとえば廣重（2021年）を参照されたい。

4　たとえば上記の注1に挙げた新聞記事は、Yahooニュースに掲載され全国から賛否両方のコメントが140件以上書かれている（2023年11月1日時点）。このようなネット記事に関する中傷的なコメントは、市民の会メンバーのなかでも批判的に話題となっていた。こうした他者の視点が、当事者たちの対立意識を固定化する働きをしている側面もあると考えられる。

5　この「再活性化（Reaktivierung）」は、フッサールの発生的現象学で用いられる概念である。フッサールにおいては、能動的な意識作用の根底に受動的な意識の次元が考えられており、それはしばしば深層心理学の無意識とも比較される。フッサールはこの受動的次元に沈殿した意味（本稿では「行政対住民」）が、類似した対象を認識することで呼び起こされ、それと連合（連想）して新たな対象に意味が転位されるという。その再活性化は「自由な行為であり、なされることもあればなされないこともある」（木下：p.160）。

6　意味（本稿の場合は「行政対住民」という対立項）が、無意識的な次元から成立してきたことが忘却され、それ自体が自立的あるいは客観的・理念的に把握されるようになる。この事態に関しては、その意味の発生や成立経緯が忘却されるという、当事者の意識それ自体の特徴がひとつの原因として考えられる。このことは、フッサール現象学における「受動的綜合」の時間意識における忘却と、意味の理念

化という文脈で今後より明確化する必要がある。しかしまた、本稿で示唆したような「他者の視点」、すなわち他者が、当事者における意味の成立経緯をそもそも知らず、現時点での意味（行政対住民の対立）を独立して認識することを、当事者本人が内面化するという作用もまた考えられよう。いずれにせよ、これらの点は、社会的対立の客観化の問題だけではなく、近代化における経済活動の「脱埋め込み」を現象学的に理解するうえでも重要な論点になると考えられる。

7　本稿のテーマを、難波田春夫（1906年〜1991年）の「相互律」の思想と関連させて考察することも可能であろう。難波田は、資本主義と社会主義が対立する20世紀、両者すなわちＡと非Ａが相互に他を要請し、体制が収斂するという独自の社会哲学を展開した。そして、その根拠を、仏教のいわゆる「般若即非の論理（即非律）」を参考に、実在の世界の論理である「相互律」と表現した。本稿の課題を考えるにあたり、こうした難波田哲学との関係を明確化することが有意義だと考えられるが、この点に関しては別稿の課題としたい。難波田春夫の「相互律」と仏教哲学との関連性については、たとえば経済学研究会編（1992年）の第6章「事理＝現象と原理」を参照されたい。

〔参考文献〕

木下喬（1994）「再活性化（再能動化）」木田元・野家啓一・村田純一・鷲田清一編『現象学事典』弘文堂.

経済学研究会編（1992）『近代の超克——難波田春夫輯遺』行人社.

さいたま市 a（2023.5）「（仮称）次世代型スポーツ施設基本計画」, 1-23.

——— b（2023.6.16最終更新日）「『（仮称）次世代型スポーツ施設基本計画（案）』に対する意見募集の結果について」
＜https://www.city.saitama.jp/004/006/015/002/p097105.html＞（2023.11.1）.

——— c（2023.9.6最終更新日）「（仮称）次世代型スポーツ施設基本計画（案）及び与野中央公園整備計画（案）に関する住民説明会の概要（令和5年3月3日開催分）」, 1-5.

さいたま市スポーツ政策室（2022.5）「都市経営戦略会議（令和4年5月24日）次世代型スポーツ施設誘致・整備の方向性について」, 1-21.

廣重剛史（2021.3）「『そこに在ること』の意味——防潮堤建設と住民たちの生活世界」

『現代思想──特集・東日本大震災10年』49 (3), 53-62.

─────(2023)「大学で世界をこれまでとは違った角度から考えるための方法」目白大学社会学部社会情報学科編『AI・データサイエンス・DX と社会情報学 (ソシオ情報シリーズ22)』, 119-129.

与野本町駅周辺地区まちづくり推進協議会 a (2022.8)「与野本町駅周辺地区まちづくりニュース」14.

─────b (2023.3)「与野本町駅周辺地区まちづくりニュース」15.

第2章　「参加型」に設計された場における非参加に耳を澄ます
―参加型学習、マネジメント、SNS を例として―

井口　尚樹

1　「参加型」に設計された場

　現在の社会における主要な価値の1つとして、「誰もが参加すること」が挙げられる。それはインターネット、教育、仕事など私たちの社会の様々な場の設計（デザイン）の背景にある。本章では、この「誰もが参加する」ことを目指した設計が、しばしば特定の参加の欠如やそのことの忘却を促してしまうという課題を指摘し、その乗り越えについて考える。

　まず、「参加」がいかに現在の私たちの社会デザインのキーワードとなっているかを、インターネット上の SNS（ソーシャル・ネットワーキング・サービス）、教育、マネジメント、の3つの例を挙げつつ説明する。

　インターネット（特に SNS）が登場する以前、人々が目にする言説は、対面を除けば、新聞やテレビなどのマスメディアを通じたものが中心であった。記者がニュースを作り、ディレクターや芸人が笑いを届ける。そして大衆はこれら少数の人々の作った記事や番組を目にするというわけだ。もちろん例外はあるが、社会で言説の発信の中心を担っていたのは専門家集団が担うマスメディアであった（池田 2000: 183-4）。これに対し、インターネットは、素人による情報の発信をしやすくした（橋元 2009）。一般人、匿名の人、さらには人らしき人工知能が、掲示板やブログ、さらに SNS で、見聞や意見を発信している。これら掲示板、SNS は、より多くの人々が利用するようになることで、広告収入等が運営者にもたらされるという仕組みで運営されている（プラットフォーム型ビジネス）。しかしそれらは同時に、少数の人々だけが発言するのではなく、より多くの人々が発言できることが望ましい、という価値にも基づいている。実際、インターネットは、様々なマイノリティの声をつなげ、広げることに役立ってきた（Cummings *et al.*, 2002; 池田 2019:

287; McKenna & Bargh 1998; 西倉 2009: 96; 矢吹 2019: 26)。このように、利益、正義の両面の理由がありつつ、SNS はより多くの人々の参加を促すよう設計されており、その狙いはある程度実現されているといえるだろう。

　次に教育を見てみよう。現在の教育現場で称揚されているのは、参加型学習である。従来型の教育では、教員が一方的に講義をし、学生はそれを聞く、というスタイルが主流とされてきた。焦点は教員が何を、いかに話すか、であった。これに対し、参加型学習は、学生の学習に焦点を当てる。単に聞くというよりも、様々な活動に主体的に取り組むことが、学習効果や動機付け（やる気）を高めるという知見（Bonwel & Eison 1991）のもと、学生の能動的な学び（アクティブ・ラーニング）が推奨される（宮崎 2017）。先のメディアの例と同様、従来の講義では話す権限が主に教員のみにあったのに対し、参加型学習では、すべての学生が話すことを促す設計が組み込まれている。多く用いられるのが、グループワークである。現在、目白大学社会学部社会情報学科でも、多くの授業がグループワークを通じてなされている。そしてそれは、学生の意欲を高め、授業からの離脱を防ぐのに一定程度効果を果たしていると考えられる。

　最後に、マネジメントを見てみよう。1980年代のアメリカでは、当時躍進していた日本企業の製造業の成功の要因を探る研究がなされていた。当時のアメリカの経営学者やコンサルタントが注目した点の1つが、日本の職場、特に工場のブルーカラー労働者が自ら考え、製造過程の「カイゼン」に熱心に取り組み、それが業務効率を高めていた点である（塩見 2008: 117）。当時のアメリカでは、経営と労働は分けられ、「考える」役割は経営のもので、現場のブルーカラー労働者は指示に従うものという考え方が主流であったという。しかしこれは、生産現場で生じる問題の認識を遅らせたり、労働者のモチベーションが高くなりづらかったりといった課題に結びついていた。対して、日本の工場では、まず労働者に様々なラインを経験させ熟練を高めることで、生じた問題を労働者がいちはやく解決しラインを止める頻度が少なかったという（小池 2005）。さらに労働者は QC（クオリティ・サークル）に組織され、時間外活動で生産過程の問題について話し合い、自ら「カイゼン」を実現していた（小川 2020）。これらの仕組みは、1980年代以降アメリカの

企業にも、例えば活動は時間外としないなど改変されつつも、導入されていった（Lawler & Mohrman 1985）。

　マネジメントにおける労働者の参加の潮流は、ブルーカラーに限定されない。ホワイトカラー層においても、1980年代後半、従来の上意下達の垂直的な階層的マネジメントは、急速な変化への対応のスピードを遅らせてしまうものとして批判され、フラットな組織構造のもと、末端の社員も起業家精神を持ち、自ら考え変革を提案・実施していくことが望ましいとされるようになった（Drucker 1988）。こうした変化は、「新資本主義（Sennett 1998 =1999, 2006=2008）」や「資本主義の第３の精神」（Boltanski & Chiapello 1999=2013）などと呼ばれた。

　以上、SNS、教育、マネジメント、という異なる領域をみてきたが、それぞれにおいて目指されているのは、より多くの者の「参加」である。それは、社会の様々な場の設計に組み込まれ、活動を水路づけている。それは活動やその設計を正当化し、人々を動員しその力や知恵を引き出す。次節では、そんなデザインがしばしばもたらす「意図せざる」副作用について論じる。

2　「参加型」に設計された場における課題

　「参加」の度合いが高まるのは確かに、民主化をもたらし、また人々の力をより引き出しやすくさせる良いことのように思える。しかし「参加」を単に量的なものとして、ただ純粋に拡大するものとしてみて良いのだろうか。ここで本論が取るのは、社会問題の構築主義的研究にみられる「アリーナ」的視点だ。

　それは、公共の「アリーナ」（例：新聞、テレビ、国会の公聴会等）においてある一定の時期に議論される話題は限定的であり、全ての話題が議論されるわけではなく競合しあうことに注目する（赤川 2012: 39; Best 2017=2020: 146-7）。社会問題は世の中に無数にある。しかしそれらは均等に注目されるわけではない。例えば日本ではウクライナでの戦争について大いに議論した一方で、かつてシリアで起きてきた諸問題についての議論はそれと同程度までには活発化しなかった。あるいは、新宿区におけるジェンダーレストイレが一時的に注目を集めた一方で、LGBTQ の方々が日常的に経験する差別や不利

益の実態はそれほど知られていない。こうした「議題設定」は、従来であれば、新聞の紙面あるいはテレビの放送時間が限定される中で、どの話題に優先的に多くの枠を割り当てるかというマスメディアの作用により生じていた（McCombs & Shaw 1972; 田崎・児島編著 2003）。しかしこれと同じことは、インターネット等でも生じているのではないか、というわけである。この見方からすれば、話題の枠は基本的に限定されていて、それを埋める話題や人は変化はすれど、単純に拡大するとは言い切れない。

　初めに挙げた3つの例を見てみよう。

　まずインターネット上のSNSについては、確かにそれは一定程度、参加の量や幅を拡大したといえるだろう。他方で、マスメディアにおけるアリーナ・モデル的な視点が、全く当てはまらなくなったわけではないと考えられる。SNSにおいても、人々は全くバラバラ（ランダム）かつ均等に結びついて声を聞き合っているのではなく、やはり有名なインフルエンサーが多くの人々にフォローされ、その声が多くの人々に聞かれるという構造がある。彼らに対して批判や反論を投げかけることはしやすいのだが、そうした「炎上」すらもインフルエンサーの知名度を高め、場合によっては話題への影響力を高めることさえある。SNSでは、マスメディアのアリーナとは関連しつつもしばしばそれと異なった独自の形で[1]、発信力のあるインフルエンサーと関連しつつ特定の話題がホットになりやすい。

　論じられ方にも注目してみよう。インターネット上のSNSでの発信の特徴として、「今・ここで」起きている「生の」発言や映像が重視されやすい。「バズ」るのは、最近こんなことがあって、そこで「私は」こう考えた、というもので、昔にあった発言を引用したり、先人の知恵を拝借、といったことは「バズ」りにくい。科学者同士の議論でさえ、SNSという場では過去の蓄積の参照は少なく、当事者同士のその場でのやり取りという形でなされやすい。そこではしばしば、前提としての問題の歴史的経緯や背景となる制度についての知識が十分に参照されないまま、一面的なロジックを通しただけの議論や揚げ足取りが「わかりやすい」として説得力を持ち、「論破」と称賛されさえする。これは古代ギリシアでのデマゴーグの跋扈を彷彿とさせる[2]。

　教育での「参加型学習」も、SNSと地続きにある。学生が取り組む課題
の設定や論じ方の、インターネットとの連続性については多くの教員が気づ
いていると思う。(特に大学で、実際に扱う主題も学生に決めさせる場合)主題は
しばしばインターネット上のSNSのアリーナを当時占めている話題に関し
たものとなり、それについて論じる際も、まずは学生の「今の考え(そして
それはインターネット上の言説と一致しているとが多い)」を相互にシェアし、そ
れを補強する根拠もインターネット上の検索でヒットした記事等であること
が多い。もちろん全てがそうというわけではないが、グループ学習における
話題の共有のしやすさや同調圧力がかかる中、学生全員が「参加」している
課題であることは、必ずしもそれが目指すところの、それぞれの学生独自の
経験を反映した内容になっていることを意味しない。また、議論の参加者の
知識はメディアの言説の影響を受けていることも考慮する必要がある。「参
加型」が想起させる「メディアに媒介される以前の市民的公共性」のイメー
ジは確かに魅力的であるが、そうした場でもやはりメディアの影響力を軽視
すべきではないだろう。

　労働領域での「参加型」の経営にも、上記と似た、議論のテーマの限定性
及び、その場での判断の正当性への疑問が生じうる。こうした疑問は、新し
い経営が導入・推進された1980年代後半のアメリカの経営言説にも既に一部
みられる。さらに、1990年代後半から2000年代初頭にかけて、改革に対する
揺り戻しの記事が特に多くみられるようになった。

　まず、QCの導入に対しては、アメリカでは単体では失敗しやすく、他の
手法を組み合わせたり目的や期限を限定する必要があることが論じられた
(Lawler & Mohrman 1985)。具体的には、目標が明確にならなかったり、QC
のメンバーと非メンバーの間のコンフリクトや、中間管理層からの抵抗が生
じたり、というように、テーマが明確になりづらかったり、メンバー外の視
点が取り入れられていないことが課題として挙げられた。

　生産過程での労働者の経営参加は、生産速度の向上やコストカットに一定
程度効果があったものの、どの企業もそれを行った中でもはや競争優位には
つながらなくなり、生産よりも戦略決定のスピードがより重要になっている
と指摘されるようになる(Meyer 2001)。新資本主義全般についても、例えば、

その場での即興的な判断が重視されることで、会社全体の視点が弱くなり、全社的な整合性がとりづらくなることの問題が指摘されている（Herbold 2002）。

　このように、現場の起業家精神それ自体は肯定されつつも、そうした中での全体の統合の課題が論じられるようになった。これらの言説のバリエーションは注意深く検討する必要があるが、ここではそれらの批判に共通する形式として、特定（特にボトム層）の視点が意思決定に過度に影響を及ぼしてしまうことを問題視し、よりバランスのとれた、あるいはトップマネジメントの視点をより強く意思決定プロセスに反映させる必要を説いていることを指摘したい。例えばQCに対してはその構成メンバーの選定を注意深く行うこと（Lawler & Mohrman 1985）、また意思決定については上級マネジメント層も含めて行うとともに、プロジェクトを組織全体のミッションと結び付けることで正当性を担保すること（Maletz & Nohria 2001）、戦略決定は、フィードバックやパートナーシップを活用しつつも、経営層を中心に迅速に行うこと（Meyer 2001）、またその場での創発的で構造化されない意思決定を行う場は、不確実性が高い場合などのみに絞り、他の場は従来型の規律を重んじたあり方のままにすること（Maletz & Nohria 2001）、全社での統一的なシステムを導入し、測定・評価の統一性を担保すること（Herbold 2002）、などが提案されている。

　以上見てきたように、「参加型」に設計された場としてのSNS、参加型学習の場、労働者の経営参加それぞれにおいても、特有の話題の限定や、視野の限定、そして反映されやすい声の限定は生じている。

3　非参加に耳を澄ます

　しかし、以上論じてきた特徴は、「参加型」設計特有の問題なのか、と思われるかもしれない。そもそもアリーナの議論の多くはマスメディアの言説についてのものであるし、従来の講義型の授業や、上位下達型マネジメントでも、話題・視点の限定があり、「参加型」はそもそもそれを改善するためのものだったではないか、と。これに対しては、話題の限定という形式は普遍的（どこにでもあるもの）であるが、それでも、特に「参加型に設計された場」

に特に生じやすい独特の問題があると本論は主張する。それは第1に、「現前の声」への参加の限定（過去の声の非参加）ならびにそれに伴う体系的知識等の過去の遺産の非活用であり、第2に、「非参加」の忘却である。

　第1の点については、教育の例がわかりやすいかもしれない。「参加型学習」で、学生が取り上げる話題や論じ方が、その当時のインターネット上のSNSの言説と瓜二つになりやすいことについては既に述べた（もちろん必ずではないが。以下、生じがちな傾向について論じる）。そしてSNS上でも「現在の声」が中心となり、過去の議論などが（同じような内容であっても）参照されることが少ない。

　もちろん、これを危惧して、教員は、学生に先人の知識を参照するよう働きかけをすることも少なくない。しかし単なる呼びかけのみでは、それに応えようと学生が参照する先人の知識は、学生の資料検索スキル、あるいは習慣に依存した偏りを有することになる。よくある例でいえば、学生はインターネットでのキーワード検索には慣れているが、図書館での資料収集には慣れていない。ただししばしば、図書館にはインターネットではあまり見られない「体系性」というメリットがある。教科書などでは、先人の知識は体系化され、整理されて並べられている。それはより断片的なインターネットでは必ずしも十分に得られないものである（先のインターネット言説の特徴も影響していると考えられる）。こうした中、学生が課題を考える時、欠けがちなのが、先人の体系的な思考の歴史への参照である。多くの問題はすでに考えられており、その考えの道筋は、最も参考になるもののはずである。しかし、資料検索スキル・慣習の影響でそれは参照されない。代わりに参照されるのは、最近あった事件、必ずしも質の良くないアンケート結果、あるいはせいぜい官庁統計、といったものになる。そこに欠けているのは「同じ問題について思考してきた先人の声」である。

　比較対象として再び、従来型の講義を考えよう。多くの場合、教員は多くの「何の役に立つかも分からない」学者の名前とその考えについて話していた。プリントにあふれる名前や知識の山。しかしそれは同時に、参加型学習に欠けていた別の「参加」を促す、あるいは少なくともその可能性を示唆していたことを見逃してはならない。それは、そこに現前しないが、問題に

とってレリヴァントな（とても関連する）先人たちの声である。一見すると教員が一方的に話し、「参加」に欠けていた講義は実は、今日の一部の「参加型学習」とは別の形の「参加」を担保していたとみなされないだろうか。これは、従来型メディアにおける言説についても当てはまる。

　第2に、このような非参加があるにもかかわらず、一見「参加型」の形態が取られているため、非参加が忘却されやすくなるという問題がある。例えば先に挙げたグループディスカッションで、資料の下調べの時間が取られていないような場合、学生はその場で、それまでの知識に基づき話すしかないこともある。一見すると、教室では一見誰もが熱心に参加して声を発している。教員も、目の前で繰り広げられているのは「活発で熱い議論」であり理想的なものだと錯覚してしまいやすい。学生のコメントシートには「自分と異なる意見があることを知ることができて楽しかった」のようなコメントが並ぶ。学期末の授業評価アンケートでも授業満足度や、授業への積極的な参加の度合いの点数は高いものとなる。しかし、これで、めでたし、めでたしなのだろうか。そこで身につけられてしまっているのは、知識を軽視し自らを超えたものの存在を忘却し、現状の自分自身に満足する態度ではないだろうか。そうした学生が4年で卒業研究に取り組むようになると、先行研究も参照せず自らのみを恃むのは、偶然ではないように思える。「誰もが参加する」設計の中で、参加者の立場を問わず生じやすいのは、現状への満足と、その場にいる者ではない者の声（空間的・時間的）が反映されていないことへの気づきづらさ、そしてそれを自ら探し求める習慣の欠如であると考えられる。

4　「参加型」の場を共にリデザインする

　ここまで、現在の「参加型」に設計された場で生じがちな課題について論じてきた。もちろん、これは教育を専門としない素人による粗いスケッチであり、全ての参加型の場がこのようになっているとは到底主張できない。実際の設計はより綿密になされていることが多く、そうした場の見事な設計については、それぞれの専門分野の知見をぜひ参照してほしい（例えば参加型学習については、宮崎編 2017; 佐藤学 2006a, 2006b を参照。そこでは、単に「参加」

のみが目標とされるのではなく、もう一つ「卓越性」の目標が組み合わせられていることが多い[3]）。

　しかし他方で、「参加型の場」が、上記のような状況にしばしば陥ってしまう、というのは、妥当な主張ではないだろうか[4]。授業・会議に割ける時間は有限である以上、その場の「参加」を促す中で、先人の声の紹介・批判的検討に割ける時間が減少する一定の傾向はあると考えられる。このように、本論は、「参加型」の万能主義に対し警笛を鳴らすものである[5]。

　確かに「参加型」の場の設計は、従来引き出せなかった声をある程度引き出すことには結びつく。しかしそれは決して万能ではなく、それでいて一見万能であるかのように見えてしまう、という問題がある。それは、民主的かどうかという面（依然としてマイノリティの声は表に出づらい）、そして成果の卓越性の面の両方において、改善すべき課題を残す。では我々は何をすべきか。

　まず考えられないのは、こうした場を完全にやめ、それが登場する以前の在り方に戻る、という復古主義的な提案である。それは確かにここで挙げた諸課題に対応することになるかもしれないが、同時に、「参加型」の場がそもそも解決しようとした諸問題（例えばマスメディア・教員・経営者による言説の独占とそれに基づく話題の限定および現実との不整合）を再召喚してしまうことになってしまう。もちろん部分的に取り入れる余地はあるだろうが、全面的に戻る、というのは良い案とは考えづらい。

　より良い提案として、細かい再設計により弱点を中和するように「参加型」の場のチューニングを行うというものがあるだろう。これを社会工学的アプローチの提案と呼ぼう。それは例えばSNSの場合であれば、AIや検索ツールと結びつけることで、関連する知見をすぐに参照できるようなインターフェイスの実装、という形を取りうるだろう。あるいは教育の場合は、図書館での学習などを促す課題設定をしておく、マネジメントの場合は、過去の記録を残した上で、その振り返りと批判的検討から出発するようにする、あるいはチームを全く新しくするのではなく過去のメンバーの一部をグループに含めておく、などの工夫がありえるだろう。このように設計者による「隠れた水路づけ」を施すことで、参加者の行動を誘導し、より多様な視点を含

む議論を促すというわけだ。これについては先に少し触れた、各領域のより専門的な知見が既に積み重ねられており、有効であると考えられる。

　ただしこの提案にも一定の限界はある。それは、その設計の意図が参加者に十分に伝わらない場合、無用なものとして参加者自らがそれを放棄してしまう可能性があるという点だ。例えば先に挙げた SNS での関連知見表示の設計では、利用者がそれでも面倒くさがって利用しないかもしれない。また授業やマネジメントの場合でも、教員・マネージャーが指示したからといって、学生・チームのメンバーはその意図通りに動くとは限らない。図書館に行ってもだらだらする、あるいは記録の振り返りを「無駄な時間」ととらえ注力しないことがありえる。学生・メンバーは、教員・マネージャーの指示の意図を解釈し、自らにとっての（長期的・短期的な）利害や関心に従って、部分的に受け入れつつも、部分的に改変したり無視したりする主体的な存在だからである。そしてそのような能動性を否定することは、「参加型」の思想上できない。このような限界が、社会工学的アプローチによる提案にはある。

　この限界を乗り越える上で有効と考えられるのが、再帰的アプローチだ。それは参加者自らが、場の特徴やその影響について反省的に捉え直し、その改善を図るというものだ。より具体的には、これまで論じてきたような、現在の「参加型」の場の特徴や難点について自ら考え、その限界を踏まえてこれらの場を利用したり改変していくのである。例えば教育であれば、これまで議論してきた、参加型の場の功罪それ自体をテーマにしたグループワークをはじめに行う、ということが考えられるだろう。そしてそれに基づき、参加型学習の弱点を認識した学生が、自ら異なる形での講義の併用を求めたり、図書館を有効に活用し、インターネットでの情報取得や発信の仕方を変えるかもしれない。それは「隠れた水路付け」を用いた社会工学的アプローチにおける、当人によるサボタージュのような問題を乗り越えるものとなりうるものであり、一段上のメタ・レベルでの「参加」を担保しようとする試みともいえる。

　「参加型」に設計された場の設計に単に乗るだけではなく、そのような場の設計そのものを問い直す動きも含めて初めて、「参加」の理想は、実現

が近づくと考えられる。これが本論の結論である。ただし、アリーナ的な視点を踏まえるならば、それでも論題や論じ方の限定が残る点は忘れてはならないだろう。「参加」は、実現が不断に目指されるものの完全には実現しない近代社会の理想の一部(佐藤俊樹 1993)かもしれない。この限界については、稿を改めて考えてみたい。

付記　本論で参照されている経営言説の分析は、科学研究費補助金 23K12623 による成果の一部である。

注

1　ほかにも、利用者の過去の検索履歴に関連した情報が表示されやすくなるアルゴリズムの影響で、実質的に人々が元から関心を持つ話題の情報にアクセスが限定されやすくなるという「フィルター・バブル」現象や、SNS 上で自分と似た意見の者同士に交流が限定され反対意見に気づきづらくなる「エコー・チェンバー」の現象 (Sunstein 2001) が、話題の限定を (マスメディアとは異なりパーソナライズされた形ではあるが) もたらすとされている。

2　広場でのその場での議論、という形式は、参加型の設計の理想と重なる。

3　文科省も2017年の学習指導要領で、知識を重視した旧来の学力も含みこむ形で、「主体的・対話的で深い学び」をとらえなおしている (小針 2018: 213; 文部科学省 2017)。

4　そうした意味で、本論もまた、卓越性への要求を満たしきれないまま「参加」を許される場で展開されているデマゴーグの暴論にすぎないという批判は当然ありうるだろう。

5　このような議論は決して本論にユニークなものではない。例えばアクティブ・ラーニングに関しては、小針 (2018) で、本論とは異なる複数の視点から批判が展開されている。

〔引用・参考文献〕

赤川学 (2012)『社会問題の社会学』弘文堂.

Best, Joel (2017)*Social Problems, Third Edition*, W. W. Norton, ＝ベスト，J.／赤川

学監訳，（2020）『社会問題とは何か――なぜ、どのようにして生じ、なくなるのか』筑摩書房.

Boltanski, Luc & Ève Chiapello（1999）*Le nouvel esprit du capitalism*, Gallimard，＝ボルタンスキー，L.・チャペロ，È. ／三浦直希・海老塚明・川野英二・白鳥義彦・須田文明・立見淳哉訳（2013）『資本主義の新たな精神』ナカニシヤ書店.

Bonwel, Charles C. & James A. Eison（1991）Active Learning Creating Excitement in the Classroom, *ASHE － ERIC Higher Education Report No.1.*

Cummings, J. N., L. Sproull & S. B. Kiesler（2002）"Beyond Hearing: Where real‐world and online support group meet, *Group Dynamics: Theory, Research and Practice,* 6: 78-88.

Drucker, Peter F.（1988）"The Coming of the New Organization", *Harvard Business Review,* January 1988.

橋元良明（2007）「インターネットとネット文化」伊藤守編著『よくわかるメディア・スタディーズ』ミネルヴァ書房，70-71.

Herbold, Robert J.（2002）"Inside Microsoft: Balancing Creativity and Discipline," *Harvard Business Review,* Jan 2002.

池田謙一（2000）『コミュニケーション――社会科学の理論とモデル5』東京大学出版会.

―――（2019）「マスメディアとインターネット」池田謙一・唐沢穣・工藤恵理子・村本由紀子，『社会心理学［補訂版］』有斐閣，267-90.

小池和男（2005）『仕事の経済学［第3版］』東洋経済新報社.

小針誠（2018）『アクティブ・ラーニング――学校教育の理想と現実』講談社.

Lawler Ⅲ，Edward E. & Susan A. Mohrman（1985）"Quality Circles After the Fad," *Harvard Business Review,* Jan 1985.

Maletz, Mark C. & Nitin Nohria（2001）"Managing in the Whitespace," *Harvard Business Review,* Feb 2001.

McCombs, Maxwell E. & Donald L. Shaw（1972）"The Agenda‐Setting Function of Mass Media," *The Public Opinion Quarterly,* 36（2）: 176-87.

McKenna, Katelyn Y. A. & John A. Bargh（1998）"Coming out in the age of the internet: Identity "demarginalization" through virtual group participation," *Journal* of Personality and Social Psychology, 75: 681-94.

Meyer, Christopher (2001) "The Second Generation of Speed," *Harvard Business Review*, Apr 2001.

宮崎猛編著 (2017)『主体的な学びで、学力を伸ばす！アクティブ・ラーニングの基本と授業のアイデア』ナツメ社.

西倉実季 (2009)『顔にあざのある女性たち──「問題経験の語り」の社会学』生活書院.

小川慎一 (2020)『日本的経営としての小集団活動── QC サークルの形成・普及・変容』学文社.

佐藤学 (2006a)『学校の挑戦──学びの共同体を創る』小学館.

──── (2006b)『学校を改革する──学びの共同体の構想と実践』岩波書店.

佐藤俊樹 (1993)『近代・組織・資本主義──日本と西欧における近代の地平』ミネルヴァ書房.

Sennett, Richard (1998) *The Corrosion of Character: The Personal Consequences of Work in the New Capitalism*, W. W. Norton, ＝セネット, R.／斎藤秀正訳 (1999)『それでも新資本主義についていくか──アメリカ型経営と個人の衝突』ダイアモンド社.

──── (2006) *The Culture of the New Capitalism*, Yale University Press, ＝セネット, R.／森田典正訳 (2008)『不安な経済／漂流する個人──新しい資本主義の労働・消費文化』大月書店.

塩見治人 (2008)「対日『逆キャッチアップ』とそれへの対応──自動車産業：GM とトヨタ──」『日米企業のグローバル競争戦略──ニューエコノミーと「失われた十年」の再検証』名古屋大学出版会, 114-136.

Sunstein, Cass R.. (2001) *Republic.com*, Princeton: Princeton University Press, ＝サンスティーン, C.／石川光憲訳 (2003)『インターネットは民主主義の敵か』毎日新聞社.

田崎篤郎・児島和人編著 (2003)『マス・コミュニケーション効果研究の展開 [改訂新版]』北樹出版.

矢吹康夫 (2019)『私がアルビノについて調べ考えて書いた本』生活書院.

第3章　複雑化する社会に組織はいかに適応すべきか
─複雑系、進化生物学、進化心理学、進化ゲーム理論の視点から─

内田　康人

平均寿命23.3年　～2022年　業歴30年以上「老舗」企業の倒産～

　2022年に倒産した企業の平均寿命は23.3年で、前年の23.8年から0.5年短くなった。「老舗」企業の構成比は33.7％、「新興」企業の構成比が2008年以降で最高の29.6％と、平均寿命の短縮につながった[1]。長引くコロナ禍に加え、急激な物価高が、経営基盤が脆弱な「新興」企業に影響を及ぼしていることを示している。「老舗」は、代表者の高齢化が進み、事業承継や後継者育成などの問題を抱えた企業も多い。…〔以下略〕（東京商工リサーチ2023, 年2月16日）

　上記の記事は、株式会社東京商工リサーチが、前年に倒産した企業の平均寿命を算出し、毎年発表しているレポートの抜粋である。「平均寿命23.3年」という見出しが躍るが、これはあくまで2022年の倒産企業の平均値であり、日本企業全体に一般化できるものではない。こうした「会社の寿命」としては、日経ビジネスが1983年に総資産や売上高などの変化を分析し、「企業が繁栄を謳歌する旬の期間」を30年ほどと割り出している（日経ビジネス, 1989; 磯貝・藤原, 2022）。以降、「企業寿命30年説」は、国内ビジネス界でまことしやかに語り継がれてきた。

　米国では、マーティン・リーブスらが3万社を超える米国の上場企業を調査したところ、「上場企業が今後5年以内に上場廃止になる確率は3社に1社」と「40年前の6倍の確率」になっており、「このような死亡率の上昇は、企業の大きさや歴史、業界などに関係なく見られる」という結果が得られた。そして、「企業が短命化している理由は、複雑さを増す外部環境に適応できていないからだ」と指摘している（Reeves *et al.*, 2016）。

「企業の短命化」も語られるなか、こうした外部・内部の複雑性に対して、

どのように対処していく必要があるだろうか。リーブスらは企業などの組織を、生物学上の種とまったく同じ「複雑適応系」と位置づけ、いずれにも強い生命力を与える原則が適用可能であると述べている（Reeves *et al.*, 2016）。そこで、以下では「複雑適応系」を切り口に、「生物の環境適応」という観点に依拠する進化生物学や進化心理学、進化ゲーム理論、そして複雑系の知見から、いかなる示唆が得られるか、検討していく。

　本章の構成としては、まず複雑適応系とは何か、その特徴や特性について整理する。次いで、複雑適応系が外部環境に適応するうえで、イノベーション創発の源泉となる複雑性を備えつつ、内部に生じる複雑性の増大を防ぎ、その均衡をとっていくために求められる要件を取りまとめる。なかでも、「フィードバックループによる適応メカニズム」と「信頼と互恵主義による協力の構築メカニズム」に注目し、複雑適応系としての組織が「イノベーションの創発」と「複雑性の縮減」の均衡を図っていくうえで、それらはいかに関わり、寄与しうるか、そこではどのようなメカニズムが働いているのか、考察していく。

1　「複雑適応系」としての組織

　「複雑性」とは、リーブスらによると、相互に多様な「つながり」を持った、多数の異なる「要素」（特定の技術、原材料、製品、人、組織単位など）と定義されている（Reeves *et al.*, 2020）。また、メラニー・ミッシェルは、複雑なシステム（複雑系）を「数多くのコンポーネントから構成されながらも、単純な運用規則をもつのみで中央制御機構を持たない大規模なネットワークから、集合体としての複雑なふるまいや情報処理、学習、進化による適応が生じるシステム」であるとし、そのうち適応が大きな役割を果たすものを「複雑適応系」と位置づけている（Mitchell, 2011）。井庭崇・福原義久（1998）は、「『複雑系』が生命の生命性を問おうとしている」一方で、「複雑適応系ではそのような生命性を排除」し、あくまで「生物の情報的側面」、つまり「情報の入出力の観点」だけに注目していると、両者の違いを強調している[2]。

　では、この「複雑適応系」には、どのような特徴があるのだろうか。提唱者の一人ジョン・ヘンリー・ホランドは、その特徴として、「並列に働く数

多くのエージェント（要素的な機能単位）のネットワーク」であり、システム
の制御が高度に分散化されていること。多くの組織化のレベルをもち、「一
つのレベルでの各エージェントは、上位のレベルのエージェントにとって
『積み木』のような役割」を担うこと。そして、「システムはこれらの『積み
木』の配列をつねに訂正し再調整」することで、「適応の基礎的メカニズム」
をなしていること、などを挙げている。また、「人工生命」研究の創始者ク
リストファー・ラングトンによると、複雑適応系では、要素的なエージェン
トの局所的な相互作用によってボトムアップ的に上位の構造やパターンが創
発し、それが再び下位にフィードバックされてトップダウンによる影響を及
ぼすことで、系全体を作り変えていくという（吉永，1996）。

　さらに、リーブスらは、複雑適応系はそれ自体がさらに大きな系に組み込
まれるケースが多いとして、「入れ子構造」のイメージ図を提示している
（Reeves *et al.*, 2016）。本章ではそれをもとに、企業等の組織とそれをとりま
く構造として、組織内部の複雑性も加味した図１のようなイメージを考えて
いる。すなわち、複雑適応系は、「組織内部（個別メンバー⇔部署）⇔組織〔レ
ベル１〕⇔外部エコシステム（依存・競合関係の企業）〔レベル２〕⇔事業環
境〔レベル３〕」という構
造を持っており、下位レベ
ルのエージェント間の「局
所的な相互作用」から、上
位レベルの構造・パターン
が「創発」されてくる。そ
の結果が「フィードバック
と淘汰」という形で、再び
下位のエージェントに影響
を及ぼし、系全体を変化さ
せていく。こうしたサイク
ルを伴った上位－下位レベ
ル間の相互作用が連鎖的に
繰り返されていくことにな

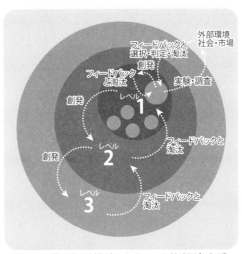

図１　「入れ子構造」としての複雑適応系
出典：Reeves *et al.*（2016）をもとに筆者加筆

り、この循環は「ミクロ・マクロ・ループ」（井庭・福原，1998）とも呼ばれる。

　こうした入れ子構造をもつ「上位─下位レベル」の関係としては、以下の特性が示唆されている。まず、全体としてのバランスや安定、適応は、局所や個人が動き続け、変化し続けることで保たれている。複雑適応系は、いわゆる「平衡状態のないシステム」（吉永，1996）であり、「その環境の中にあるすべては本質的に固定されていない。現状を維持するためにも、活動を続けなければならない」（金，2023）のである。このように、上位・下位の要素双方によるボトムアップとトップダウンの動的関係から相互に動的安定が創発されることを、ラングトンは「コレクショニズム」と名づけている（吉永，1996）。見方を変えれば、上位レベルが健全であるためには、局所レベルにおける秩序の破壊が必要となる。さらに、トップダウンによって下位レベルをコントロールしようとすると、上位レベルに想定外の結果がもたらされることも考えられる（Reeves *et al.*, 2016）。

　このような特性をもつ複雑適応系が、内外の複雑性とうまく折り合いをつけていくためには、どのような取り組みが求められるだろうか。

2　複雑性を手なずける要件

(1) 組織にとっての「複雑性」のメリット・デメリット

　「複雑性」とは、既述のとおり、相互に多様な「つながり」を持った、多数の異なる「要素」（特定の技術、原材料、製品、人、組織単位など）であった。つまり、複雑性によって多数の異なる「要素」を保持し、要素間に多様な「つながり」が存在すれば、それらの状況や組み合わせによって様々な性質が実現されうる。ブライアン・アーサーは、イノベーションとしての「新しいテクノロジー」は、「既存のテクノロジーの組み合わせ」から生まれ、「既存のテクノロジーがさらなるテクノロジーを生み出す」として、このメカニズムを「組み合わせ進化」と呼んだ。さらに、「テクノロジーはすべて要素（テクノロジー）の組み合わせである」という原理も提唱している（Arthur, 2009）。また、マット・リドレーは、「組み合わせ」にくわえ、「試行錯誤」、「協力と共有」、そして「自由」と「独創的な試み」から、イノベーションが創発されると述べている（Ridley, 2021）。

　「複雑系」では、点（ノード：要素）と線（リンク：つながり）の比が１／２になったところで相転移が起こるという「エルデシュ・レーニの定理」が知られており、その「カオスの縁」[3]において、イノベーションが創発しやすいネットワークが生まれると考えられる（金、2023）。そして、要素とつながりの多様性が高いほど、想定外の事態や脅威に対応するうえでより多くの手段を持ち合わせることになり、システムとしてのレジリエンスや適応力が高まって、自然選択に対して有利に働く。また、要素が相互に緊密に結びつき、行動プロトコル（行動規範や作法など）を共有することで、調整力を高めることも可能になる。さらに、複雑性は複数の要素間の多様なつながりを可能にすることから、その相互関係は複製しにくく、模倣されにくいというメリットもある。このように、複雑性はイノベーションの創発、適応力、調整力、模倣しにくさを実現することで、複雑適応系が外部環境に適応していくうえで大きな貢献をもたらす。

　その一方で、複雑性が組織内部に蓄積され増大していくことで、組織としては以下のようなコストやデメリットが生じてくる。まず、様々な要素を生み出すことで、その維持コストが高くつき、効率性が低下していく。また、システムや組織が多くの異なる要素とその相互ネットワークから構成されることで「わかりにくさ」が増し、それらが実際にどう機能するか理解することが困難になる。その結果、システムを把握し、個々の要素の価値や機能、介入のあり方を見極めて、かじ取りを行うことが難しくなり、予測不能、管理不能な状態に陥るおそれも高まっていく（Reeves *et al.*, 2020）。

（2）どう均衡をとっていくか

　以上をふまえ、複雑性の多くのメリットを活かしつつ、組織内部に生じる複雑性が増大しすぎないように、その均衡をとっていくためには、どのようなあり方が求められてくるのだろうか。

　リーブスらは、外部環境への適応と企業存続に向けて生命力を強化するための６つの原則と、内部システムの均衡という観点から開発された７つの戦略を提示している（Reeves *et al.*, 2016, 2020）。両者はその目的に若干の違いはあるものの、組織が複雑性を取り入れ、それらと折り合っていくあり方とし

て、重複する内容もみられる。そこで、複雑性のメリットとコストの均衡を
どうとるかという観点から、上記の原則や戦略を整理していくことにする。
　それらは大きく、組織の「構造設計」と「マネジメント」に分類できる。
「構造設計」としては、「異種混合による多様性」、「モジュール化・モジュー
ル構造」[4]、「冗長性」が取り上げられ、いずれも複雑性のメリットであるイ
ノベーションの創発、適応力・レジリエンス、調整力、模倣しにくさを生み
出す要件となっている。
　一方、組織の「マネジメント」としては、「不確実性の低減」、「フィードバッ
クループによる適応メカニズム」、「信頼と互恵主義」という3原則と、「シ
ンプルで共通の経営原則（透明性、新たな要素・つながりの有用性の体系的な整
理)」、「変化思考」、「応急的な解決策（管理の緩和)」、「社会的なフィードバッ
ク（市場、実験)」、「全体最適化」、「回復（修復・淘汰）メカニズム」という6
つの戦略が挙げられている（Reeves *et al.*, 2016, 2020)。本章では、これらのう
ち、「フィードバックループによる適応メカニズム」と「信頼と互恵主義に
よる協力の構築メカニズム」の2つに注目する。とくに前者の「フィードバッ
クループによる適応メカニズム」は、上記の様々な内容と関わるとともに、
それらを包含するものとも考えられるため、この考え方を起点として、それ
以外の要件についても派生的に取り上げていく。

(3) フィードバックループによる適応メカニズム

　既述のとおり、複雑適応系とは、外部環境に適応していくメカニズムとし
て、局所的な相互作用がもたらす創発とフィードバックのサイクルがループ
することによって進化を続けていく、「自己組織化」するシステムであった。
つまり、複雑適応系は、「フィードバックループによる適応メカニズム」と
して特徴づけられており、「局地的な相互作用」、「創発」、「自己組織性〔化〕」
がキーワードとなっている。
　自己組織性を有するシステムにおいては、効果的なフィードバックのあり
方が重要であり、そこで伝えられるべき情報・シグナルをいかに検知・収集
するか、それらをどう評価・活用していくかが問われてくる。その際、組織
内のあらゆるプロセスやプロトコルに「透明性」が保たれなければ、的確な

シグナル検知や情報収集が困難になることで、フィードバックが効果的に機能せず、環境への適切な対応に悪影響が及ぶおそれがある。そのため、「透明性」といったシンプルで共通の経営原則の導入が適宜求められてくる。

　また、フィードバックループによる適応メカニズムにおいては、局所的な相互作用や創発による系全体の「作り変え」や変化が継続しており、そうした変化・変動こそが、外部環境に対する適応や系の均衡をもたらしている。もし構造やプロセスが固定化することで環境への不適応が進めば、エコシステムからの淘汰につながりかねない。そうした意味で、「変化思考」は適応メカニズムにおける要件の一つと考えられる。

　他方で、生物の進化においては、その方向性を演繹する法則がなく、「いきあたりばったりの応急措置の連続で、生物という精妙きわまりない組織」（金，2023）が作り上げられてきた。つまり、生物に何らかの環境適応上の問題が生じた際、設計図のようなグランドデザインに則って計画的に対応が進められたのではなく、フィードバックによる適応メカニズムとして、あくまで応急的に対処されてきたのである。組織においても、リーブスらは、「複雑もしくは動的な問題については、マイクロマネジメント型の解決策よりも、応急的な解決策の方が勝ることが多い」（Reeves *et al.*, 2020）と述べている。すなわち、外部の複雑性への対応は、管理・コントロールよりも、社会の状況・変化に柔軟に即応した「局所的な最適化」による応急的な解決策の方が有効であることを示唆している。局所的な最適化によって「モジュール化」が強化されれば、進化的なイノベーション創発の促進につながっていく。また、独立した小規模チームによる社会実験や市場の調査を通じて「社会的なフィードバック」が迅速になされることで、複雑性や変化への対応・適応力を高めることができる。エリノア・オストロムは「コモンズの悲劇」[5]の回避に向けた８つの「設計原理」を示している[6]。デイヴィッド・スローン・ウィルソンによると、その７つ目として「局所的な自律性」が挙げられており、「一つのグループがより大きな社会の内部に包摂されている」場合、独自の意思決定を下すのに十分な権限をそのグループに与えるべきだという（Wilson，2019）。

　しかし、こうした局所的・応急的な対応は、特定の領域内でメリットを生

むとしても、組織全体として大きな恩恵をもたすとは限らない。むしろ、それによって生み出された複雑性のコストが組織全体に分散することも考えられる。そこで、組織全体や共同目的への影響や波及効果、フィードバックを的確にとらえ、あらゆる潜在的なコストとメリットを包括的に見ていくことが求められる。それによって、全体としての最適化がなされれば、「複雑性のトレードオフ」のバランスをとるのに役立つだろう。ウィルソンは、変化への適応にあたって、専門家グループが何をすべきか決めた一大計画を実施する「中央計画」や、その対極にあたる「自由放任主義」では機能しないと述べ、「選択の対象たるシステム全体の能力を念頭に置き、最善の実践方法を確立するための変異と選択のプロセスを活用する」必要性を強調している（Wilson, 2019）。

　上記の社会的なフィードバックはまた、複雑性の削減に向けて「淘汰」をもたらす「回復（修復・淘汰）メカニズム」としても機能する。ジョセフ・ヘンリックは、文化進化の戦略に倣って「多様化と選択の手法」をとり、様々な制度や組織、要素を互いに競わせることで、役に立たないものは駆逐され、優れたものだけが残っていくメカニズムに期待を寄せる（Henrich, 2017）。このメカニズムとしては、多様な形式やあり方が考えられる。そのなかに、時代に合わなくなった不要なルールやプロセスの除去を促すことで、全体的な複雑性が継続的に増加することを防ぐプロトコルや社会規範なども含めることができるだろう。

　さらに、上記の実験や市場の声にくわえ、科学的な調査や基礎モニタリングなどのフィードバックは、社会環境の認識における不確実性の低減や不測の事態への備えにもつながると考えられる。サイモン・レヴィンは、「環境管理のための八つの戒」を掲げるなかで、「不確実性の低減」と「不測の事態への備え」を指摘し、不確実性低減に向けた中心的な対策として、系を監視する科学的な調査の継続と、多様な方策を取ることによる危険の分散を挙げている。また、不測の事態に備えるうえで、管理運営方針に柔軟性を持たせ、基礎モニタリングや新しいデータにもとづいて方針や体制を常に調整しながら運営を行う「順応管理」の手法を提言している（Levin, 2000）。

　以上から、複雑性のメリットとコストのバランスをとるうえで、「フィー

ドバックループによる適応メカニズム」が、多くの要件と深く関わっていることがわかる。そのなかに、「応急・局所的な対応メカニズム」や「回復（修復・淘汰）メカニズム」、実験や市場の声などの「社会的なフィードバックメカニズム」、科学的な調査や基礎モニタリングなどを活用した「不確実性低減メカニズム」といった機能も確認できる。以下では、「信頼と互恵主義による協力の構築メカニズム」を取り上げ、それが複雑性とどのように関わり、いかに機能しているのか、検討していく。

3　信頼と互恵主義による協力の構築メカニズム

　リーブスらによると、複雑適応系が強い生命力を持つために、構成メンバーの協力が必要ではあるものの、個々人の利害はえてして相反することが多い。そうした状況下で各人が個人的利益を追求していけば、結果的に系全体が弱体化し、各人が不利益を被る「集団行動問題」という社会的ジレンマ状態が生じがちになる（Reeves *et al.*, 2016）。

　複雑適応系を「入れ子構造」としてとらえた場合、こうしたジレンマ状態は、組織（企業等）とその個別のメンバー（従業員等）の間だけでなく、外部エコシステムとそこに属する組織（企業等）、さらには事業環境と外部エコシステムの間にも生じうる。リーブスらは、企業と外部エコシステムの利害関係者との事例として、ノボノルディスクによる中国市場への参入を取り上げ、他の利害関係者や社会的利益へ貢献する意思を明確に示すことで、自社の生命力が強化され、同時に自社が属する複雑適応系も強化されることを示した（Reeves *et al.*, 2016）。

　それをふまえ、以下では組織（企業等）とそのメンバー（従業員等）というミクロな関係に限定して「集団行動問題」を取り上げることで、組織内に協力が構築されていくメカニズムと、複雑性との関わりについて検討する。

（1）「集団行動問題」というジレンマ

　「集団行動問題」とは、リーブスらによると、（直接的な利益が個人に生じる場合を除き）個人が系全体の利益となる行動をとるインセンティブを持たない社会的ジレンマ状態を指す（Reeves *et al.*, 2016）。社会的ジレンマにおいて

協力を促進する要因として、山岸俊男（2000）は「相互に他の集団メンバーと直接の接触やコミュニケーションができる」、「他のメンバーが協力的であると確信できる」、「自分の行動が全体の結果に影響を与えられると思っている」、「集団間に競争がある」、「集団との一体感が強い」などを挙げている。いずれも比較的小規模の集団にあてはまり、大きな組織への適用には難しさがあるものの、そのなかの局所、部署として考えれば、示唆に富む内容といえるだろう。

　リーブスらは、「集団行動問題」の克服には、「互恵主義」の徹底と「信頼」が結びつくことが必要だという。そして、エリノア・オストロムの「コモンズの悲劇」に関する研究から、信頼、利用者の人数、リーダーシップの存在、知識レベルなどの可変要素が揃えば、持続可能性を守るための自己組織化が起こり、互恵主義に基づく合意事項の遵守が実現するという示唆が得られたことを紹介している（Reeves *et al.*, 2016）。

　また、岡田章（2022）もゲーム理論の研究をふまえ、「信頼と互恵主義は，人間社会の協力を実現するための基本的なメカニズム」であると述べている。

　以上から、「集団行動問題」という社会的ジレンマを克服する要件として、「互恵主義」と「信頼」が強調されていることがわかる。では、ジレンマの克服に向けて、「互恵主義」と「信頼」はいかなるメカニズムによってメンバーの「協力」の実現し、それらを深化させていくのだろうか。

（2）協力進化のメカニズム

　協力を進化させるメカニズムとして、中丸麻由子（2020）は、①近親者間で助け合う「血縁選択」、②集団のために尽くす「群選択」、③同じ人と繰り返し相互作用する状況で協力が進む「互恵的利他主義」、④評判によって協力を強化する「間接的互恵性」、⑤物理的な距離や社会的ネットワークなど空間構造が協力をもたらす「ネットワーク互恵性」、さらには、⑥「処罰」がもたらす協力、⑦「多数のプレイヤーの協力」という7つを挙げている。

　山岸（2000）によると、このうち処罰・制裁のような「ムチ」と報酬のような「アメ」で協力行動をとらせようとすれば、そのための「コスト」は非常に大きなものとなり、「過剰統制」が生じるおそれもある。既述したオス

トロムの「設計原理」のなかでも「段階的な制裁」が取り上げられているが、あくまで「違反者の個人的事情や過度の制裁によって生じうる損失について十分に理解」したうえでの「段階的」なものであり、「初期の制裁の水準は驚くほど低い」という（Ostrom, 1990）。監視・制裁によって共有される「便益」と「コスト」とのバランスが重要であり、その実効性をより高く、コストや過剰統制はより抑える工夫が求められる。また、入れ子構造をもつ複雑適応系では、既述のとおり、トップダウンで下位レベルをコントロールしようとすると、往々にして上位レベルに予想しえない影響がもたらされるおそれもある。その意味でも、個々のエージェントの行動を直接的に操作するような過剰統制は避けるべきだろう。リーブスらも、例えば集団行動をとらせたい場合、トップダウンで押し付けるのではなく、自主性や協調性を育て、従業員が自ら率先しようとする気持ちを活用して、問題の提起や簡単なルールの設置を行うなど、取らせたい行動に向かわせる「状況」をつくることを推奨している（Reeves *et al.*, 2016）。つまり、協力したくなる、協力することで自分にもメリットがあるような「しくみ」づくりが求められてくる。

　以下では、中丸による7つのメカニズムに照らし、「ネットワーク互恵性」という社会・空間環境のもと、組織内の「互恵的利他主義（互恵主義）」をいかに高め、「群選択」にもとづく「協力」をもたらすしくみをどう実現していくか、その際評判のようにシグナルやインセンティブをもたらす「間接的互恵性」や「多数のプレイヤーの協力」という認識や期待がどう関わってくるか、という問いに置き換えて考察していく。

（3）互恵主義と信頼が生み出す協力

　山岸（2000）は、互恵主義（互恵性原理）や互恵的利他主義に類似する概念として、「みんなが」原理を提案している。これは、「みんなが協力するなら自分も協力する（しかし、みんなが協力しないなら、自分一人だけ協力するのは馬鹿らしい）」という考え方であり、互恵性原理に近いものの、「応報戦略」[7]を含まないという意味で互恵性原理よりも狭い概念となっている。この「みんなが」原理によって、多くの人々は「自分だけ馬鹿を見ることがない」という保証さえ与えられれば、社会的ジレンマ状況でも協力行動をとるようにな

る。そして、「みんなが」原理がうまく活性化しない人にだけ「アメとムチ」を限定すれば、そのためのコストも低減されるうえに、「過剰統制」の問題も生じにくくなるという。

　ここで問われるのは、「自分だけ馬鹿を見ることがない」という保証をどのように与えるか、ということである[8]。そこで注目されるのが、期待や評判などの「間接的互恵性」と「多数のプレイヤーの協力」（中丸, 2020）、そして「ネットワーク互恵性」である。

　「みんなが」原理は、そもそも「みんなが協力している」という現実があり、それが認知されることで作動する。それはまた、「協力している（らしい）」という情報や、「協力してくれるだろう」という期待、「協力してくれる人（たち）だ」という評判などのシグナルによっても活性化されうる。つまり、「多数のプレイヤーの協力」や「間接的互恵性」を認知することによって、協力行動が生じやすくなる。その際、集団内にどれくらい協力者がいれば自分も協力するかという水準には個人差があり、協力者が少ない段階で行動を起こす者もいれば、多数派になってはじめて協力する人もいる。そして、人びとの期待や評価（評判）が高まるほど、「みんなが」原理が活性化されることで、協力行動も生じやすくなり、協力が増えるほど、さらに人びとの期待や評価（評判）も高まる…というように、現実や期待、評判が相互に関わり合いながら、らせん状のループをなして高揚していくと考えられる。

　その際、人びとの社会関係はネットワーク構造をなしていることから、協力のリンクが一定数を超えると、激的にネットワーク効果が高まっていく。山岸（2000）は、一定のレベルを超えると急激に連鎖反応が生じる状態を、限界質量[9]の概念を用いて説明している。このように、多数の協力者を認知することで、他者への期待や評価が高まり、それらが一定程度蓄積されることで協力の連鎖が生じた結果、「他のメンバーは協力的である」という確信を持った「信頼」が生まれてくるのである。

　岡田（2022）もまた、「人びとは相互交流を繰り返しながら、互恵主義による協力の仕方を学習する。協力は人々の間に信頼の感情を芽生えさせ、信頼がさらに協力を促進する」として、協力を実現・促進するメカニズムにおける互恵主義と信頼の役割を強調している。

　さらに、レヴィンも、既出の「環境管理のための八つの戒」の7つ目として「信頼関係の構築」を掲げており、個体が近隣の個体と相互作用するとき、進化は最も効率的に進み、「周囲の個体と何度もやり取りを繰り返した経験を通じて、互いの信頼関係が形成され、互恵的利他行動といった行動が進化する」(Levin, 2000) と述べている。

　では、こうした協力行動は、どのようにして伝達・継承され、社会に根づいていくのだろうか。「進化的に安定な戦略 (Evolutionarily Stable Strategy: ESS)」[10]という概念を導入したメイナード＝スミスは、協力的な互恵的利他行動が ESS となり、それが継承されていくしくみとして、「学習」と「文化的継承」の2つを挙げている。学習とは「実際の経験や想像による洞察にもとづく試行錯誤」によるもの、文化的継承とは「他個体から学習するか真似ることによって自分の行動を身につける」ことであり、「成功した先達の模倣をしやすい」(Maynard Smith, 1982) という。また、岡田 (2022) は、信頼にもとづく協力関係は、他人に共感する道徳的感情を発展させ、正義と公正の価値規範に導き、それが広く共有されることで人間社会における「倫理」として成立すると述べている。そして、ジョセフ・ヘンリックは、こうした「社会規範」が内面化されることで、無意識に「ローカルルール」に則った「正しい行ない」ができるようになり、複雑な社会環境に適応しやすくなるという (Henrich, 2017)。

　すなわち、互恵的利他主義は、社会における「文化」として、「学習」と「模倣」によって集団の間に広まり、継承されていく。そして、個人の道徳感情や価値規範を形づくり、ひいては社会における社会規範・倫理として成立・浸透していくことで、複雑性への適応度を高めることが示唆されている。

（4）信頼は複雑性の均衡とどう関わるか

　これまで、イノベーション創発に向けた組織内の協力を促すうえで、「信頼」が「互恵主義」とともに重要な役割を果たしていることを確認してきた。他方で、組織内の複雑性を縮減し、その均衡をとっていくうえで、信頼はどのように寄与しうるだろうか。

　山岸 (1998) は、「信頼」概念の整理にあたって、「道徳的秩序に対する期待」

のなかでも、「相手の能力」ではなく、「相手の意図に対する期待」に注目している。そのうち、「安心」とは区別されるものとして、「信頼」を位置づけ、「相手（特定の個人だけでなく、一般的な他者も含む）の内面にある人間性や自分に対する感情などの判断にもとづいてなされる、相手の意図についての期待」と定義している。

ニクラス・ルーマンは、信頼の問題を「リスクを賭した前払い問題」ととらえ、信頼によって「事態の一定の展開可能性が考察範囲から閉め出され」ることで、「行為の妨げになってはならない危険が（除去はできないが）中性化される」と述べている。「信頼」はつねに裏切られるリスクを抱えつつも、信頼するからこそ、それを前提として物事を進めることができ、逆に「自身が抱く信頼を制御」することで「間接的に事実を制御する」、つまり自分の望む事実（協力など）を引き出す操作も可能になる。また、信頼は「多義性の許容度」を強化することで、「出来事に関してはより大きな複雑性を伴いつつ、生活し行為すること」も可能にする。すなわち、信頼が存在するところでは、「複雑性を有効に縮減する形式が、信頼という姿で利用可能」であることから、むしろ「社会システムの複雑性が増しており、したがって社会システムの構造と調和しうる可能的事態の数が増す」（Luhmann, 1973）という。

つまり、信頼が存在するシステムでは、複雑性を適切に縮減可能なため、結果的にシステム自体の複雑性の増大が許容でき、実現可能な体験や行為の選択肢を多く持つことが可能になる。その結果、環境に対するイノベーションの創発力や環境適応力も高まるものと考えられる。

（5）不信のコストと信頼によるコスト低減

山岸（2000）は、信頼の欠如（不信）によって、複雑性やコストが高まることに目を向けている。ここでは、組織がメンバーに協力行動をとらせようと、「アメとムチ」だけで強権を発動する場面を再び取り上げよう。この状況は、メンバーに対する信頼が低い組織が、まさにトップダウンで管理・コントロールを強めていることを意味し、既述のとおり、「過剰統制」と「管理のコスト」の問題が生じてくる。入れ子構造の複雑適応系における過剰統

制は、上位レベルの組織側に予想しえない影響をもたらすおそれがあり、結果的に、組織内の複雑性がむしろ増すことで、それらを認知し、対処するコストがより多く必要になる。また、「アメとムチ」を用いてメンバーをコントロールするためには、それにともなう管理コストも生じてくる。これらの認知コストや対処コスト、そして管理コストはいずれも、以下に述べる「取引きコスト」にあたると考えられる。

　山岸（1998）は、「信頼」に関わるコストとして「取引きコスト」と「機会コスト」を挙げている。「取引きコスト」とは、「何らかの取り引きをすることで失われる利益」を指し、他方の「機会コスト」とは、「ある行動に投資した費用や時間を別の行動に投資した場合に得られたであろう利益」を意味する。そして、「社会的不確実性」という概念を用いて、信頼の欠如（不信）が機会コストと取引きコストを高めることを指摘している。

　「社会的不確実性」が存在している状態とは、「相手の行動によっては自分の『身』が危険にさらされてしまう」おそれがあり、「相手の意図についての情報が必要」とされながらも、「情報が不足している」状況である。こうした環境下で社会的な不確実性を認知し、それらのコントロールを試み、実際に対処するためには、多大な取引きコストを要する。組織における「社会的不確実性」が高ければ、組織内の情報が不足して、状況がわかりにくくなり、他のメンバーに対する期待や評判なども持ちづらくなる。そうした組織では互恵主義が作用せず、協力を期待できないことから、上記のように、トップダウンでの強権が発動されがちである。その結果、管理と過剰統制にともなう「取引きコスト」にくわえ、その費用と時間を別のことに投資すれば得られたあろう「機会コスト」も、より多く要することになる。

　それに対し、山岸（1999）は、信頼によって「内部の社会的不確実性を低下させれば、取引き費用を低減できる」という。つまり、他者の協力に関する情報や期待、評判といったシグナルや互恵主義にもとづいて協力が蓄積されていくことで、それらは「信頼」にまで高められていく。そして、信頼の醸成が互恵主義と協力をさらに促進し、組織内の文化や規範・倫理として浸透していけば、組織内の社会的不確実性が低下し、複雑性も縮減されていくことで、「取引きコスト」や「機会コスト」の低減も期待できるのである。

4　おわりに

　本章では、「複雑適応系」としての組織が、複雑適応系が外部環境に適応するうえで、イノベーション創発の源泉となる複雑性を備えつつ、内部に生じる複雑性の増大を防ぎ、それらの均衡をとっていくうえで、どのような要件が求められるか、検討してきた。

　「複雑適応系」としての組織は、フィードバックループによる適応メカニズムを備えており、応急・局所的な対応メカニズムや回復・修復メカニズム、社会的なフィードバックメカニズム、不確実性低減メカニズムといった機能を通じて、複雑性のメリットとコストの均衡をとることが可能になる。

　本章ではまた、信頼と互恵主義による「協力の構築メカニズム」に注目し、信頼が存在するシステムでは複雑性が適切に縮減可能であるため、複雑性の増大が許容でき、環境に対するイノベーションの創発力や環境適応力が高まること。信頼の欠如（不信）によって複雑性のコストが高まる一方で、それらは他者への期待や評判などのシグナルや、互恵主義にもとづく協力の蓄積による「信頼」の醸成によって低減されうることを考察してきた。

　このように、組織（企業）を「複雑適応系」と位置づけ、複雑系をはじめ、進化生物学、進化心理学、進化ゲーム理論など生物（人類）の進化や環境への適応といった視点・知見を援用することで、複雑化する社会環境にいかに適応すべきか、有益な示唆を得ることができる。社会科学においても、社会学や経済学、経営学など従来の学問領域の枠組みにとらわれず、視野や考え方を拡げ、新たな気づきを得るためには、こうした視点や知見を取り込んだ学際的な取り組みがますます重要になってくるだろう。

　その一方で、従来の学問領域における「常識」や当たり前になっているモノの見方との間に、葛藤や軋轢が生じることも大いにありうる。従来の学問に対する挑戦ともいえるが、それらを徒に排除・無視するのは、ふさわしい学問的態度とは言えないだろう。双方の考え方の背後にある視点や価値観の違いを省察することで、自身が拠って立つ思考の基盤を相対化して見つめ直し、より適切な認識に向けて相補的に止揚していく試みこそ、課題解決に向けた「学際的な学」としての社会情報学に望ましいあり方ではないだろうか。

注

1　2022年の全国倒産6,428件（負債1,000万円以上）のうち、創業年月不明の779件を除く、5,649件を対象とした分析。業歴30年以上を「老舗企業」、10年未満を「新興企業」と定義し、業歴は法人が設立年月、個人企業は創業年月で起算。

2　「複雑適応系」の提唱者の一人マレイ・ゲルマンは、「入ってきた情報から規則性を抽出し、それを『スキーマ』（内部モデル）へと圧縮して、そのスキーマをもとに行動するシステム」と定義している（井庭・福原，1998）。

3　カオスとは、規則に従って発生したにもかかわらず、不規則にみえるふるまいを示す現象のこと。「カオスの縁」とは、「秩序」と「カオス」のあいだをふるまいが移り変わるシステムにおいて、秩序とカオスの境界に位置する領域を指す。ある系の相から別の相に変わる「相転移」（例：水〔液体〕から氷〔固体〕への変化）が生じる領域でもあり、「静的すぎず動的すぎないカオスの縁でのみ、情報が適度に保持される安定性と適度に伝達される流動性とが絶妙なバランス」を保つことができる（井庭・福原，1998）。

4　モジュールとは、システムを構成する交換可能な構成要素やその単位のこと。設計上の概念として、コンピュータや電気機器、自動車生産、経営などの幅広い分野で用いられる。まとまりのある機能をもち、標準化・規格化され、独立性が高く、交換可能な構成要素や単位、部品という共通点が概ねみられる。モジュール構造を持つことで、各機能部は他の部位からある程度独立して動くため、必要に応じて個別のシステムを進化、適応させることが可能になる。また、後で変更・削除しても、組織全体への不具合の波及・広がりを抑えられるため、レジリエンスを向上でき、結果的に進化的なイノベーションを促進できる（Reeves *et al.*, 2020）。モジュール化が高度に進んだ複雑適応系では、その構成要素が互いに緩やかなつながりや防壁をもつため、どれか一つの要素でショックが生じても、隣接する要素への波及が防止され、結果的に系全体の生命力が強化される（Reeves *et al.*, 2016）。

5　コモンズ（共有地）の悲劇とは、多数が利用可能な共有資源を、各個人が自分の利益の最大化をめざして利用した結果、資源が枯渇して全員の利益が損なわれてしまう現象のこと。社会的ジレンマの代表的な事例とされる。生物学者ギャレット・ハーディンが1968年に発表した論文「The Tragedy of the Commons」によって広く知られるようになった。

6　Ostrom（1990）では、8つの「設計原理」のうち、7つ目に「組織化における最低限の権利の承認」、8つ目に「入れ子状の組織」を挙げている。

7　応報戦略とは、前回に相手の取った行動を、次回自分が用いるというやり方（山岸，2000）。例えば相手が非協力行動を取った場合、次回は自分も非協力行動を取り、相手が協力行動を取れば、自分も協力行動を取るという戦略。

8　Ostrom（1990）によれば、「監視」と「制裁」によっても、自分が「お人よし」になっていないことがわかれば、ルール遵守の戦略を取り続けることが無難と考えるという。

9　限界質量とは、「そもそもはウランの量が一定のレベルを超えると急激に核反応が起きることから、核反応を引き起こすのに必要なウランの量を意味」するが、ここでは「人間の行動の連鎖反応を分析するために使用」している。つまり、協力者の数が限界質量を超えると、ほぼ全員が協力者になり、逆に協力者が限界質量に達しないと、ほとんどの人が非協力行動をとるという意味で用いられている（山岸，2000）。

10　進化的に安定な戦略（Evolutionarily Stable Strategy: ESS）とは、ある集団に所属する個体たちがその戦略を採用したとき、それ以外の戦略を採用する個体の適応度が下がるため、他の戦略は入り込むことができず、すべての個体がその状態で安定化するような戦略を指す（長谷川，1999）。

〔引用・参考文献〕

Arthur, W. B. (2009) *The Nature of Technology: What It Is and How It Evolves*, Free Press = ブライアン・アーサー／日暮雅通訳 (2009)『テクノロジーとイノベーション—進化／生成の理論—』みすず書房.

Gell-Mann, M. (1994) *The Quark & the Jaguar: Adventures in the Simple & the Complex*, W. H. Freeman = マレイ・ゲルマン／野本陽代訳 (1997)『クォークとジャガー—たゆみなく進化する複雑系—』草思社.

Henrich, J. P. (2017) *The Secret of Our Success: How Culture Is Driving Human Evolution, Domesticating Our Species, and Making Us Smarter*, Princeton University Press = ジョセフ・ヘンリック／今西康子訳 (2019)『文化がヒトを進化させた』白揚社.

Kneer, G., Nassehi, A. (1994) *Niklas Luhmanns Theorie sozialer Systeme: eine Einführung*, W. Fink = ゲオルク・クニール，アルミン・ナセヒ／舘野受男，野崎和義，池田貞夫訳 (1995)『ルーマン 社会システム理論』新泉社.

Levin, S. A. (2000) *Fragile Dominion: Complexity And The Commons*, Perseus Publishing = サイモン・レヴィン／重定南奈子，高須夫悟訳 (2003)『持続不可能性—環境保全のための複雑系理論入門—』文一総合出版.

Levy, S. (1992) *ARTIFICIAL LIFE: THE QUEST FOR A NEW CREATION*, Pantheon = スティーブン・レビー／服部桂訳 (1996)『人工生命—デジタル生物の創造者たち—』朝日新聞社

Luhmann, N. (1973) *Vertrauen: Ein Mechanismus der Reduktion sozialer*

Komplexität. 2aufl., Ferdinand Enke ＝ニクラス・ルーマン／大庭健，正村俊之訳 (1990)『信頼―社会的な複雑性の縮減メカニズム―』勁草書房.

Maynard Smith J. (1982) *Evolution and the Theory of Games*, Cambridge University Press ＝ J. メイナード＝スミス／寺本英，梯正之訳 (1985)『進化とゲーム理論―闘争の論理―』産業図書.

Mitchell, M. (2009) *Complexity: A Guided Tour*, Oxford University press ＝メラニー・ミッチェル／高橋洋訳 (2011)『ガイドツアー　複雑系の世界―サンタフェ研究所講義ノートから―』紀伊國屋書店.

Ostrom, E. (1990) *Governing the Commons: The Evolution of Institutions for Collective Action*, Cambridge University Press ＝エリノア・オストロム／原田禎夫，齋藤暖生，嶋田大作訳 (2022)『コモンズのガバナンス―人びとの協働と制度の進化―』晃洋書房.

Reeves, M., Levin, S.A., and Ueda, D. (2016) The Biology of Corporate Survival, *Harvard Business Review*, 94 (1/2), 46-55 ＝マーティン・リーブス，サイモン・レヴィン，上田大地／倉田幸信訳 (2016)「生物学に学ぶ企業存続の6原則―企業短命化の時代―」『DIAMOND ハーバード・ビジネス・レビュー』2016年6月号，8-21.

Reeves, M., Levin, S., Fink, T., & Levina, A. (2020). Taming complexity, *Harvard Business Review*, 98 (1), 112-121 ＝マーティン・リーブス，サイモン・レヴィン，トーマス・フィンク，アーニャ・レビーナ／渡部典子訳 (2020)「ビジネスの複雑性を手なずける ―生物学や物理学、社会学の知見から学ぶ―」『DIAMOND ハーバード・ビジネス・レビュー』2020年5月号，72-81.

Ridley, M. (2021) *How Innovation Works: And Why It Flourishes in Freedom*, HarperCollins Publishers ＝マット・リドレー／大田直子訳 (2021)『人類とイノベーション―世界は「自由」と「失敗」で進化する―』NewsPicks パブリッシング.

Waldrop, M. M. (1992) *Complexity: The Emerging Science at the Edge of Order and Chaos*, Simon & Schuster ＝ M. ミッチェル・ワールドロップ／田中三彦，遠山峻征訳 (1996)『複雑系』新潮社.

Wilson, D. S. (2019) *THIS VIEW OF LIFE: Completing the Darwinian Revolution*, Pantheon ＝デイヴィッド・スローン・ウィルソン／高橋洋訳 (2020)『社会はどう進化するのか―進化生物学が拓く新しい世界観―』亜紀書房.

マレイ・ゲルマン／矢沢潔訳 (1997)「凍結された偶然」『科学10大理論―「進化論争」

特集─』，p.55-66 学研プラス．

磯貝高行，藤原明穂（2022）「『会社の寿命』を延ばせるか」『日経ビジネス』（2022. 3.
　　25）https://business.nikkei.com/atcl/NBD/19/00107/00169/

井庭崇，福原義久（1998）『複雑系入門─知のフロンティアへの冒険─』NTT 出版．

巌佐庸（1990）『数理生物学入門』共立出版．

岡田章（2022）『ゲーム理論の見方・考え方』勁草書房．

金重明（2023）『「複雑系」入門─カオス、フラクタルから生命の謎まで─』講談社．

酒井聡樹，高田壮則，東樹宏和（2012）『生き物の進化ゲーム 大改訂版』共立出版．

中丸麻由子（2011）『進化するシステム』ミネルヴァ書房．

─── (2020)『社会の仕組みを信用から理解する─協力進化の数理─』共立出版．

日経ビジネス 編（1989）『会社の寿命─盛者必衰の理』新潮社．

長谷川寿一，長谷川眞理子（2000）『進化と人間行動』東京大学出版会．

長谷川眞理子（1999）「進化ゲーム理論と動物行動」日本認知科学会『認知科学』6 巻
　　2 号，168-178．

山岸俊男（1998）『信頼の構造─こころと社会の進化ゲーム─』東京大学出版会．

─── (1999)『安心社会から信頼社会へ─日本型システムの行方─』中央公論新社．

─── (2000)『社会的ジレンマ─環境破壊からいじめまで─』PHP 出版．

吉永良正（1996）『「複雑系」とは何か』講談社．

第4章　外食産業におけるグローバル市場の変容と日本企業の現地適応

柳田　志学

1　はじめに

　日本国内の外食産業は新型コロナ禍の中で壊滅的な状況となった。この状況も徐々に落ち着きを見せており、多くの外食サービス企業は2023年の営業利益が2019年の水準に戻るとともに、国内の繁華街ではかつてのような活気を取り戻している。また、日本と同様に海外でも外食産業は成長傾向にあり、とりわけ外食サービス企業の東南アジア進出が再び加速化している。日本のメディアもこの動向に注目しており、日本経済新聞（2024）によると、大手外食チェーン10社（一風堂や吉野家、ミスタードーナツなど）の海外店舗数は、2012年（4056店）から2022年（20473店）へと5倍に増加した。海外売上高比率も向上しており、一風堂の海外売上高比率は45％と売上全体の約半数を占めている。

　なぜ外食サービス企業は国際化を図ろうとするのだろうか。ここでは大きく分けて3つの要因を指摘したい。1つ目の要因は、海外でも収益が見込まれるようになった点である。例えばラーメンで有名な一風堂は日本国内において850円の価格で提供されている商品が、アメリカでは3倍以上の約2,900円、フランスでは約2,100円で提供されている。物価が安いと思われがちな東南アジア諸国においても商品の価格は上昇しており、インドネシアでは約670円、フィリピンでは約1,100円で提供されている。円安など為替の影響もあるが、東南アジア諸国で提供されている日本食の価格帯は日本と同価格あるいは日本よりも高い。すなわち外食産業において、グローバル市場は大きく変容を遂げており、国内よりもむしろ国際事業展開を行った方が収益をもたらすことのできる時代が到来したのである。2つ目の要因は、国内が「成熟市場」にあるという点である。日本では様々な業態の外食サービス企業が存在しており、当然のことながら日本食だからといって顧客が来訪してくれるわけではない。しかし海外であれば日本食に対するニーズは依然として高

い。つまり海外は成熟市場ではなく「成長市場」として位置づけられている。そして3つ目の要因は、変化の激しい海外市場にいち早く進出することで、現地の様々な知識や資源を獲得することができる、という点である。とりわけ日本国内の外食サービス企業は人手不足が問題となっているが、東南アジア諸国などのグローバル市場に進出することで、海外店舗に勤務する優秀な人材を日本国内で雇用できる。さらに日本国内で育成した人材を再び自国に戻すことで、現地人材の育成や店舗拡大へと繋がる。このように長期的な視点で考えると、国際化には様々なメリットがある。

本稿では、日本企業が注目している東南アジア諸国にフォーカスし、とりわけ成長著しいコメダホールディングス（コメダHD）の優位性について検討を行う。さらに企業が国際化を図る際、自社が構築した優位性を用いてどのような事業展開を行うのかについて言及する。

2　コメダ珈琲の事例

(1) コメダ珈琲の歴史と優位性

コメダHDは約55年前の1968年に名古屋で創業した喫茶店チェーンである。主力事業は「コメダ珈琲」であり、それ以外にも甘味喫茶の業態からなる「おかげ庵」など、複数のブランドで事業展開を行っている。コメダ珈琲は2003年に初めて関東地区へ出店したが、それ以降の出店スピードは目覚ましく、フランチャイズ形式のビジネスモデルを駆使しながら2016年6月には東京証券取引所に株式上場するとともに、その3年後の2019年6月、47都道府県へと出店を達成した。2023年7月時点で、グループ全体の店舗数が1000店舗となり、たったの十数年で日本国内へと一気に事業を拡大したことになる。

同社の優位性は一体どこにあるのだろうか。一言でまとめると「徹底的な合理化とサービスの差別化」だが、大きく分けて6つの優位性を構築している。

1つ目は同社の「平均滞在時間」である。高井（2016, p20）によると、セルフカフェで知られるドトールコーヒーショップの平均滞在時間は約30分だが、コメダ珈琲の場合は2倍の約1時間と長い。一見すると回転率は低い（収

益をもたらさない）と思われがちだが、早朝から深夜までの全時間帯から考えると高い回転率になるという。具体的には朝方の時間帯はコーヒーの「モーニング」というメニューを注文すると、コーヒーに加えてトーストとゆで卵が無料で提供される。このモーニングが提供される朝11時までの時間帯だが、平日の朝ということもあり、客の滞在時間は他の時間帯と比較すると短い（店舗によっては4回転程度と回転率が高い）。さらにそれ以外の時間帯も常に座席は埋まっており、その理由は（地域によって異なるが）「午前中は近所の高齢者、昼は子連れの主婦、午後は商談に使うビジネスパーソン、夕方は学生や中高年女性、夜は食事を目的とした客」という具合にセグメンテーションを行い、幅広いターゲット層を取り込んでいるからである。これについて筆者は約10年前の2014年から毎年のように大学の担当講義でコメダ珈琲の事例を紹介してきたが、これまで多くの大学生が授業後の感想に「高校生のときは学校帰りや試験勉強でコメダ珈琲を利用していた」「先日もコメダ珈琲を利用した」というコメントを記載していた。その「行ったことがある」という記述は年度が経つにつれて増加しており、2023年の授業に至っては、コメダ珈琲を知らない（利用したことがない）という大学生はほとんどいない、という状況だった。店舗拡大も相まって、コメダ珈琲がZ世代の若者層にも着実に浸透しつつあることを実感していた。

　2つ目の優位性は「地域密着」によるリピーター客の確保である。コメダ珈琲は前述の通り、客の滞在時間がライバル企業と比較して長い。その理由は「くつろぎ」を感じさせるような居心地の良いソファや空間づくりにあるとされている。さらに地域に根ざした店舗の場合、毎日のように通い続けるリピーター客を獲得できる。外食サービスにおいて最も重要なことは「いかに遊休の状態を作らないようにするか」という点であるが、これは言い換えればリピーター客を獲得することで店舗側は安定した収益を得ることができる。コメダ珈琲はセルフカフェのように回転率を重視せず、早朝から深夜までの開店時間中は常に座席が埋まっている状態を目指しているため、まさに理想的なビジネスモデルだと言える。

　3つ目の優位性は商品のラインナップがもたらす独自の「PR戦略」である。同社が提供する商品は一見すると極めてシンプルだが、ライバル企業が

模倣できないビジネスモデルを構築している。例えばコメダ珈琲の主力メニューはシロノワールやモーニング、そしてコーヒーである。ここで注目すべき点は、提供される商品のサイズが一般の飲食店で提供されるような商品のサイズよりも明らかに大きいことである。短期的に商品のサイズを大きくするのであれば、どの企業でも模倣できる。しかし同社は常に商品のサイズを大きくしたまま提供し続けている。同社の強みは、この商品の差別化をPR戦略へと用いた点である。具体的にはサイズの大きさが大変ユニークであるとしてTV番組などのマスメディアで取り上げられるようになり、近年では来訪した客がSNSに投稿するなど、自社が広告費用をかけることなくプロモーションへと繋げたのである。商品のサイズを通常よりも大きくすることは店舗側からするとデメリットしかなく、一定期間ならばともかく、一歩間違えると多大なる損失をもたらしかねない。しかし後述するように同社では「規模の経済」により調達コストを抑えることを可能とした。長期的な視点で考えると、ほとんど広告費用をかけることなく全国放送のマスメディア（TV番組はゴールデンタイムの全国放送）やSNSで自社の商品を取り上げてもらい、認知度の向上や新規顧客の獲得へとつながることから、ライバル企業が模倣できない戦略の一つとなっている。

　4つ目は「規模の経済」[1]が作用している点である。コメダ珈琲が提供する商品のサイズが大きい点については既に触れたが、これについても他社が模倣できない戦略を行っている。商品のサイズが大きい理由は食材のコストが低いからだが、これは徹底した合理化によるものである。具体的には食材を外部に委託するのではなく、自社のパン工場やコーヒー工場を建設するとともに、セントラルキッチンとして各チェーン店へと一斉に配送するシステムを構築している。いわゆる内部化と呼ばれる戦略だが、同社では（本来ならば時間と労力をかけて外部の業者と交渉しなければならない）様々な取引コストを抑えるために、食材の加工を一貫して垂直統合しているのである。ここで同社の優位性が最も威力を発揮しているのがコーヒー工場だろう。コメダ珈琲が提供するコーヒーは、じつは店舗で焙煎していない。スターバックスなどはコーヒーを抽出する作業を各店舗で行う。しかしコメダ珈琲は全てのコーヒーを自社の工場で抽出し、液体のコーヒーのまま各店舗へと配送して

いる。極めて効率的なビジネスモデルだが、これにより規模の経済をもたらし、コストを抑えることに成功している。また、自社工場を保有することは規模の経済以外にも様々なメリットをもたらす。コメダ珈琲の店舗のうち95％はフランチャイズ契約のため、各店舗（フランチャイジー）のオーナーは店舗運営に集中したいと考えるが、仮にコーヒーやパンを外部から調達するビジネスモデルを取った場合、毎日のように仕入れ交渉に時間と労力が奪われてしまい、しかも安定した品質の食材を確保することができない。さらにフランチャイズの場合は店舗オーナーの裁量に委ねられる場合が多く、オーナー全員がバリスタの資格を保有しているわけでもない。そのため、コーヒー豆を店舗に仕入れてコーヒーを抽出するなどの作業を各店舗で行った場合、コーヒーの品質にばらつきが出るうえに作業時間や労力が大幅にかかる。そして店舗数が拡大すればするほど本部（フランチャイザー）は各店舗の在庫状況や食材の品質を把握することが困難となる。しかし自社工場を保有することで、これらの問題は一気に解決できる。コーヒーやパンを直接卸すシステムであれば、店舗の在庫情報がリアルタイムで把握できるうえに迅速かつ適切な仕入れなどの在庫管理が可能となる。さらにコーヒーの知識がほとんど無く、入店したばかりのアルバイトがコーヒーを提供する場合も、すでに抽出された液体をコーヒーカップに注ぐだけであれば問題なく提供できる。いわゆるモノとしての商品を均一化させることで、きめ細やかな接客など店舗ごとに地域密着のサービスへと特化することができる。

　5つ目は「選択と集中」[2]である。コメダ珈琲のメニューは一見するとバラエティに富んでいるが、サンドイッチやカツサンドなどのパン類が圧倒的に多い。さらに野菜サラダや卵類も多く、メインとなる食材が絞り込まれていることが分かる。すなわち顧客に提供する食材をあえて絞り込むことで、在庫ロスや食材の廃棄を防ぐことへと繋がり、さらに商品の仕込みや提供スピードを短縮することができる。これらの選択と集中は、前述のボリュームのある商品の提供を可能とし、店舗では人件費の削減へと繋がる。多くの外食サービス企業では本部の指示で新商品を導入し、季節ごとにメニューを改定する場合がある。新商品が一つ導入されただけでも、現場のオペレーションは大混乱しかねない。しかし同社では最初から提供される食材が絞り込ま

れているため、新商品が導入される場合も、コアとなる食材の範囲内でオペレーションができるように配慮されている。同社の食品ロスを抑えるビジネスモデルは、近年のエシカル消費やサスティナブルな社会を目指す流れにも合致しており、2016年に上場したことからも、投資家に対する印象が良いというメリットをもたらしている。

　6つ目は独自の「フランチャイズシステム」である。コメダ珈琲は店舗（フランチャイジー）の力が強く、オーナーは「一国一城の主」という位置づけにある。そのため店舗オーナーの自由裁量が強く、地域に根ざした独自のサービスを提供していることが多い。その理由は同社の「定額ロイヤルティ」という収益構造にある。一般的な外食サービス企業のフランチャイズ店舗は売上高の数％[3]という形で、本部へ支払うロイヤルティが課される。これは頑張って売上を伸ばしても、その売上から数％を支払わなければならないため、店舗オーナーからすれば大きな負担となり、モチベーションの低下へと繋がりかねない。しかしコメダ珈琲の場合は座席数に応じて「1席あたり1500円の月額ロイヤルティを支払う」という定額のロイヤルティを採用しているため、来店客数が増えれば増えるほど（売上が伸びるほど）店舗オーナーが収益をもたらすことになる。コメダ珈琲が店舗によって独自のサービスを提供している理由はここにあると言っても過言ではない。すなわち「頑張っただけ儲かる」というシステムを導入しているからこそ、従業員は顧客に対してきめ細やかなサービスを提供することができる。このフランチャイズシステムを用いたことで、コメダ珈琲はたったの十数年で全国へと店舗を拡大することができたのである。

（2）コメダ珈琲の国際事業展開

　コメダ珈琲はこれらの6つの優位性を構築するとともに、2010年代から海外進出への足がかりを探っていた。そして同社は東京証券取引所に株式上場を果たした同年の2016年4月に、上海へと進出した。企業が国際事業展開を行う場合、形態は大きく分けて4つある。1つ目は輸出である。これは自社の商品（モノ）を輸出するため、仮に成長が見込めないと判断した場合、すぐに撤退できる。2つ目はフランチャイズ（ライセンシング）である。いわゆ

る商標（名義）を貸して地場企業（現地の企業）に経営を委託する形態だが、近年では「そごう・西武」などの百貨店がインドネシアやマレーシアにおいて、このライセンシングという事業形態を用いて東南アジアへと進出している。このフランチャイズ（ライセンシング）による進出形態のメリットは、輸出ほどではないにせよ、比較的容易に撤退しやすいという点にある。万が一、現地の政治情勢が悪化し、今後の成長が見込めないと判断した場合は、すぐに契約を打ち切って撤退できる。その代わりに店舗の運営は提携先の企業が担うことになるため、日本国内のブランドとは異なる商品やサービスが地場企業によって導入される可能性がある。3つ目は合弁である。これは提携先の地場企業と共同で出資を行い、子会社を設立する形態である。一般的に地場企業が51％出資、日本の企業が49％出資、というパターンが多いが、国の法制度によって出資比率は異なる。そして最も負担が大きいのが、4つ目の100％出資（完全）子会社である。これは海外直接投資（FDI：Foreign Direct Investment）と呼ばれており、いわゆる直営店のことである。直営店であれば店舗を完全にコントロールできるうえに、現地の最新動向などの知識を直接入手することができる。ただし海外直接投資の場合は資金面で相当な負担があるうえに、食材の調達など物流網を構築しておく必要もある。万が一、撤退する場合は莫大な損失を抱えることとなるため、よほどの勝算がなければ海外直接投資を行うことはない。そして東南アジア諸国に進出する外食サービス企業の多くは、フランチャイズの形態を取ることが一般的である。

　コメダ珈琲の上海進出は、同社にとって初めての国際事業展開となるが、その際の進出形態はフランチャイズであった。翌年には3店舗目をオープンさせるなど積極的に店舗展開を行っていたが、ターゲット層となる顧客はあくまでも日本人の駐在員であり、出店した立地も日系企業のオフィスが立ち並ぶエリアだとされている。前節で紹介した6つの優位性が国際事業展開において効果をもたらさない場合、地場企業にコメダ珈琲のビジネスモデルを模倣される可能性もある。しかし上海の店舗は6店舗へと増加しており、上海における事業で培った知見を踏まえて2018年2月には台湾へと進出している。驚くべきことに、この際の進出形態はフランチャイズではなく直営店であった。日本国内の店舗のうち95％がフランチャイズであるのにもかかわら

ず、敢えて直営店を出した理由は一体何だったのだろうか。台湾は日本から
地理的に近いうえに地政学的リスクも少なく、日本との親和性が高いため、
日本の商品やサービスは受け入れられやすい。現地で直営店を出すというこ
とは失敗した際のリスクが高いことを意味するわけで、いかに同社の本気度
が高かったのかが分かる好例である。台湾における事業をより本格化させる
（現地で店舗を増やす）ためには、日本国内のコメダ珈琲とは一体どのような
ブランドなのかを現地で忠実に再現する必要がある。そのために、まずは直
営店を出すことでコメダ珈琲を確実に認知してもらい、同社の優位性が現地
で発揮できるかどうかを見極めながら、台湾進出への本格的な足がかりを構
築することが目的だったものと推察される。同社は2018年10月に台湾の地場
企業（好食國際投資股份有限公司）と合弁会社を設立することで、現地でコメ
ダ珈琲の本格的な事業展開を始めた。この地場企業は現地において食材の卸
売業を担っており、日本国内で構築したビジネスモデルのように自前で食材
の調達が可能となる。そして新型コロナが落ち着きを取り戻しつつある2022
年10月に、同社は香港へ進出した。香港は現地のイオングループと提携する
ことで、上海と同様にフランチャイズの形態で進出している。香港は進出し
たばかりのため、今後の可能性は未知数だが、コメダHDの『統合報告書
2023』によると、2025年までの中期経営計画として海外80店舗を目指すこと
を明記している。そして台湾の店舗数は2023年2月時点で29店舗と急増して
いる。

（3）コメダ珈琲の東南アジア進出

　コメダ珈琲は国際事業展開を本格化しつつあるが、東南アジア諸国への進
出も着実に模索していた。そして同社が選んだ国は、日本の外食サービス企
業が進出しやすいタイでもなければ、日本と台湾から比較的近いフィリピン
でもなく、成長著しいインドネシアだった。しかも同社は2023年1月23日に
インドネシアへと進出したが、これまで日本の外食サービス企業が数多く進
出している首都ジャカルタではなく、リゾート地として有名なバリ島に「直
営店」の形態で進出したのである。よほどの勝算がなければ撤退のリスクが
大きくなる直営店を選択しないはずだが、その理由は一体どこにあったのだ

ろうか。同社が日本国内で構築してきた優位性を一体どこまで活かすことができるのだろうか。

　そこで筆者は、コメダ珈琲の国際事業展開における優位性の有無について検証を行うべく、2023年9月上旬に現地を訪問した。また、同店舗のオープンに携わった現地在住30年となる日本人実業家に簡単なインタビュー調査を行った。それらの内容を踏まえて以下に検証結果を記述する。

　コメダ珈琲バリ店（デウィスリ・クタ・バリアイランド店）は空港からタクシーで約15分のエリアにある。この場所はバリ島の繁華街に位置づけられており、とりわけ夜になると人の往来が多く、コメダ珈琲の看板が出ているだけでプロモーションの効果をもたらすそうである。なぜ首都ジャカルタではなくバリ島に進出したのか、その理由の一つとして、インドネシア人にコメダ珈琲を認知してもらう場合、ジャカルタという立地はあまり望ましくないのだという。というのもジャカルタは中央部にオフィス街や高級デパートなどが集中しているが、北部や南部は低所得者層や貧困層が住むエリアがあり、日本のように所得が異なる人達が同じエリア内に住んでいるわけではない。たとえばジャカルタの中央部に店舗を出した場合、高所得者層は来訪するかもしれないが、それは一部の限られたターゲット層しか来訪しないことを意味する。コメダ珈琲がこれまで日本国内で成長を遂げてきた最大の理由は、早朝から夜までの開店時間中、常に座席が埋まるように、顧客を取りこぼすことなく、幅広いターゲット層を獲得してきた点にある。仮に首都ジャカルタに進出した場合、コメダ珈琲の戦略や事業コンセプトから外れてしまう。しかしバリ島であれば幅広いターゲット層を獲得することができる。というのもバリ島は観光地として有名であり、まさに「くつろぎ」を求めて来訪する人々が多いからである。海外のみならず国内のインドネシア人たちもバリ島を訪れるため、繁華街に出店することで、インドネシア全土から来訪したインドネシア人がコメダ珈琲の存在を認知し、結果的にプロモーションへと繋がる。インドネシアでは全く無名のコメダ珈琲にとってプロモーションは極めて重要な要素となるが、当然のことながらTVのCMやインターネット広告を用いると莫大な広告費用がかかり、必ずしも集客効果が見込まれるとは限らない。とりわけインドネシアのように17,000以上もの島々からなる

国でプロモーションを行う場合、通常のプロモーションではインドネシア全土へと広告効果をもたらすことが極めて困難である。しかし日本国内で行っているプロモーションと同様のPR戦略を用いながら、クチコミやSNSを用いたデジタルマーケティングを駆使することで、広告とは異な

図1　インドネシアのバリ島に進出したコメダ珈琲の外観

出所　著者撮影（2023年9月11日）

り時間はかかるものの確実に効果をもたらす。そしてコメダ珈琲が提供する地域密着の「くつろぎ」という事業コンセプトは、リゾート地として位置づけられるバリ島との親和性が高いことが分かる。

　筆者がバリ店を訪問したのは月曜日の朝9時前だったが、駐車場はほぼ満車の状態だった。直営店ということもあって、店内は日本のコメダ珈琲と全く同じ内装が施されており、まさにバリ島に日本のコメダ珈琲の「くつろぎ」をそのまま持ち込んだような空気感が店内に漂っていた。主力メニューも日本と同様で、コメダブレンドコーヒーが39,000ルピア（約370円、日本では460〜700円）、シロノワールが48,000ルピア（約450円、日本では670円〜740円）、カツパンが78,000ルピア（約740円、日本では910円〜1,000円）という価

図2　コメダ珈琲（バリ店）入口の商品ディスプレイ

出所　著者撮影（2023年9月11日）

格帯だった。これらの価格帯は商品のボリュームを出すことで「お値打ち」というイメージを抱かせている同社にとって優位性を保有することのできる、極めて良心的な価格帯として設定している。また、コメダ珈琲の看板メニューとなるモーニングはコーヒーと同価格の

図3　日本の店舗と全く同じスタイルのモーニング
出所　著者撮影（2023年9月11日）

ため、セットで約370円という価格帯は集客へと繋がる目玉商品だと言える。

（4）コメダ珈琲の国際事業展開における優位性

　同社が国内市場において構築した6つの優位性は、現地適応においてどのような効果をもたらしているのだろうか。以下に若干の考察を行う。

　1つ目の「平均滞在時間」について、筆者が滞在していたのは午前中の約2時間だったが、来店した若いカップルなどは食事を済ませたらすぐに退店しており、客の滞在時間は約1時間程度（回転数は約2回転）だった。その一方で1人で滞在する客も一定数いた。その多くが20代の若者層で、パソコンを広げながらスマートフォンを片手に何らかの作業をしていた。驚かされたのは、各座席に充電用のコンセントが併設されていたことだった。筆者がジャカルタのカフェや飲食店に来訪した際、充電用のコンセントを用意している店舗は皆無だったため、このコンセントの存在には驚かされた。1人客のテーブルを見ると、コーヒーとモーニングのセットが置かれていたことから、最も安価な注文をするリピーター客の可能性がある。このように店内には1人で作業ができる座席も用意されており、必ずしも複数名で来訪することを想定しておらず、幅広いターゲット層を獲得していることが分かる。その一方で年配の夫婦と思われる客が来訪し、2人ともモーニングを注文していた。さらにカツパンも注文していたが、日本と同じようにサイズが大きい

ため、店員にお願いをして食べきれなかった残りを持ち帰っていた。カツパンは一食分で約740円と高く感じるかもしれないが、2食分（2人分）と考えた場合は1食（1人分）で370円となるため、決して高くはない。このようにコメダ珈琲が日本国内で構築した優位性をそのまま現地でも適応させている。

図4　コメダ珈琲（バリ店）の店内でPCを開いて作業をする一人客

出所　著者撮影（2023年9月11日）

　2つ目の「地域密着」によるリピーター客の確保についても、うまく適応させていた。地域密着という点では、前述のようにバリ島の繁華街に店舗をオープンさせたことで、既に地元の人に認知されている。筆者が訪問した際も座席はほぼ埋まっており、その客のほとんどがインドネシア人であったことからも、同社が目指す地域密着のコンセプトは着実に浸透している。また、バリ店は直営店ということもあり、ソファなどの内装に関する物品は全て日本から輸入しているとのことであった。筆者はソファの居心地があまりにも良かったため、食事後にしばらく店内で居眠りをしてしまったほどである。この「くつろぎ」の空間はバリ島という地域性も相まって受け入れられており、前述の1人客以外にもリピーターは多

図5　日本の店舗とは異なる形状の電源

出所　著者撮影（2023年9月11日）

いそうである。

　3つ目の商品のラインナップがもたらす独自の「PR戦略」について、直営店であることからラインナップは日本国内の店舗とほぼ同一である。メニューの中には日本のコメダ珈琲に見られないオリジナルのメニューを提供しており、わらび餅とどら焼きの甘味は日本のコメダ珈琲では提供されていない商品である。ただしこのメニューは同社の系列ブランド「おかげ庵」において提供されている商品を組み合わせたものであり、店舗内のオペレーションが複雑化されることはない。わらび餅とどら焼きも日本を代表とする和菓子の組み合わせとなり、日本ブランドを認知してもらうという

図6　宗教に配慮して鳥や豚の絵柄が記載されているメニュー

出所　著者撮影（2023年9月11日）

図7　日本のコメダ珈琲では提供されていないバリ店オリジナルの商品

出所　著者撮影（2023年9月11日）

う点でも最適だと言える。その一方で、宗教的な要素を配慮してメニューに若干の工夫が見られた。例えばカツパンのメニューはイスラム教徒の客向けに「チキンカツサンド」と「ポークカツサンド」と明確に区分されていた。イスラム教徒の場合、ポーク（すなわち豚）を選ぶことはない。しかしバリ島はインドネシア国内では珍しく、ヒンドゥー教徒が9割を占めていること

から、イスラム教徒をターゲットとした食材（ハラルフード）にこだわる必要はない。それが事実、筆者が店員に「最もオススメのメニューはどれですか？」と尋ねたところ、イスラム教徒は口にすることが禁じられているポーク（豚）のカツパン（現地ではポークカツサンド）だと言われた。このようにバリ島ではイスラム教徒とヒンドゥー教徒の両方の食生活に関する知識を吸収することができるため、日本の外食サービス企業にとっては極めて重要なテストマーケティングの場になる。さらに企業のプロモーションについては前述の通り、バリ島はインドネシア全土へと認知される、いわばPR戦略に最適な立地として位置づけられている。

　4つ目の「規模の経済」は、今後、コメダ珈琲がインドネシア国内で店舗を拡大する際の最も重要な要素の一つとなるだろう。日本国内ではセントラルキッチンとしてコーヒーやパンの工場を建設することで、様々なコストを抑えるとともに安定した品質の食材を確保できている。この規模の経済こそが同社の急速な店舗拡大の要因だったのだが、例えば現地で工場を建設した場合、インドネシアは台湾とは異なり日本の約5倍の国土面積を誇るため、配送コストは膨大にかかる。さらに赤道直下の高温多湿な気候で、スコールや洪水なども頻繁に起こる。どのような方法で温度管理された食材を安定して店舗へと供給できるのかを考える必要があるだろう。これらの物流網については、現地の卸売などに精通する地場企業と提携するなどの方策が考えられるが、今後、直営店ではなくフランチャイズとして店舗を拡大するためには乗り越えなければならない大きな壁となる。現時点ではバリ島に進出した直営店の1店舗のみのため、今後の動向次第であろう。また、5つ目の「選択と集中」と6つ目の「独自のフランチャイズシステム」についても、今後の動向に期待したい。

3　おわりに

　本稿では大きく変容しつつある外食産業のグローバル市場において、日本企業がどのような現地適応を行っているのかについて事例研究を行った。具体的には東南アジア諸国の中でも成長著しいインドネシアにフォーカスし、コメダ珈琲の国際事業展開について現地調査による分析と考察を行った。そ

れにより日本の外食サービス企業が国際事業展開において必要となる優位性の源泉について明らかにすることができた。ただし本稿は探索的調査の段階であり、今後はこれらの調査内容を踏まえて他の外食サービス企業と比較検討しなければならない。また、本稿は事例研究に終止しており、制度理論などの視点から理論的研究を行う余地がある。これらの研究の限界については今後の検討課題としたい。

注

1　規模の経済とは、大量生産によって一単位あたりのコストが低下することを指す。
2　選択と集中とは、企業が得意とする特定の事業分野に経営資源を集中することを指す。
3　外食サービス企業によってロイヤルティの相場は異なる。例えばマクドナルドの場合、ロイヤルティは売上の3％に設定されており、大戸屋は5％に設定されている。

〔引用・参考文献〕

川端基夫（2005）『アジア市場のコンテキスト　東南アジア編』新評論
————（2016）『外食国際化のダイナミズム』新評論
————（2017）『消費大陸アジア —巨大市場を読みとく—』ちくま新書
コメダホールディングス（2023）『統合報告書 2023年2月期』コメダホールディングス
日本経済新聞電子版（2024）『日本の外食、世界に広がる　味とサービスでアジアに浸透』日本経済新聞2024年1月22日
太田正孝（2008）『多国籍企業と異文化マネジメント』同文館出版
高井尚之（2016）『なぜ、コメダ珈琲店はいつも行列なのか？ —「お客が長居する」のに儲かるコメダのひみつ』プレジデント社

＜謝辞＞
　本稿は JSPS 科研費『JP20618508』の助成を受けた研究成果の一部である。この場を借りて御礼を申し上げる。

第5章　国境を越えて認識されるブランドの研究

長崎　秀俊

1　グローバル・ブランディング

　現在、多くの日本企業が国境を越えてマーケティングを展開している。国境を超えて行われるマーケティングには、複数のステージが存在する。Douglas and Craig（1989）は、企業が国境を超えてマーケティングを行う際の進化を5つのステージで説明している。最初のステージは、自国商品を自国消費者に販売する「国内マーケティング」の段階。次は、自国商品をそのまま国境を越えて別の国で販売する「輸出マーケティング」の段階。そして、国境を越えた現地消費者のニーズにより製品を開発し販売する「国際マーケティング」の段階が3番目のステージ。4番目は、複数の国々で標準化した製品を使ったマーケティングやブランド戦略を行う「多国籍マーケティング」のステージ。そして最後が、国境という概念を越え、全世界を1つの市場として扱う「グローバル・マーケティング」の段階に到達する。現実的に最終ステージのグローバル・マーケティングを展開できている企業はネスレやP&G、ユニリーバなど、一部のグローバル企業しか存在しないと言われている。多くの日本企業は、第3ステージの国際マーケティングか、第4ステージの多国籍マーケティングを行っている。この2つのマーケティング戦略の違いを理解するには、世界標準化と現地適応化という概念を理解しておく必要がある。世界標準化戦略とは世界各国で本国と同じマーケティングを実施することであり、現地適応化戦略とは世界各国で現地のニーズに合わせる形で独自にマーケティングを展開することである。国際マーケティングは現地適応化戦略を主軸に展開するもので、多国籍マーケティングは世界標準化戦略を主軸に展開するものと理解すると分かりやすい。

　大石（2017）は世界標準化のメリットとして、コスト節約や世界的イメージの形成などを、そして現地適合化のメリットとして顧客満足の向上や特定

図表1　世界標準化と現地適応化のメリット

世界標準化のメリット	現地適応化のメリット
コスト節約	顧客満足の向上
世界的イメージの形成	特定市場での売上増
組織の簡素化/統制の改善	変化への迅速な対応
優れたアイデアの活用	すべての市場で対応可能
迅速な投資回収	現地法人の自社開発品への誇り
規格統一化	現地法人の自主性尊重
需要創造	現地法人人材の確保・育成

（出典）大石「グローバル・マーケティング零」

市場での売上増を指摘している（図表1）。

実際に企業が国境を越えてマーケティング戦略を実施する場合、全ての戦略を世界標準化または現地適応化のどちらかに100％寄せるものではない。マーケティング戦略では4Pごとに更に詳細に世界標準化をした方が効果的か、あるいは現地適応化を採用した方が効果的かを判断しつつ、両戦略のいい所取りをしながら戦略構築を行っている。

長崎（2021）はハウス食品がバーモントカレー（図表2）を中国で販売した際の4P戦略を世界標準化と現地適応化に分けて下記のように説明している（図表3）。

図表2　日本と中国のバーモントカレー

日本のバーモントカレー	中国のバーモントカレー
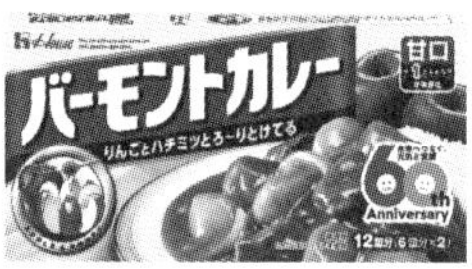	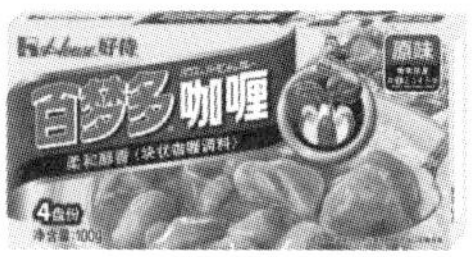

出典：ハウス食品 HP

ハウス食品はバーモントカレーの中国進出に際し、製品のコンセプトであるリンゴとハチミツを使った基本設計は変えずに、隠し味に八角を入れたり、ルウを黄色にするなどの現地適合化を図っている。

また長崎（2021）は同じく、バーモントカレーの中国進出の際に採用した

図表3　バーモントカレーが中国進出の際に実施した4P施策の分類

4P	具体的施策	世界標準化	現地適合化
Product	リンゴとハチミツを使った基本的仕様	○	
	ルウの色を黄色に変更		○
	隠し味として八角を使用		○
	標準サイズ容量を100gに設定		○
Price	一般家庭での普及を目指した価格帯	○	
Place	近代的小売のスーパーなどへの配荷	○	
	歴史的小売のパパママ・ストアへの配荷		○
Promotion	大規模な試食会の実施	○	
	子供や親子対象のカレー料理教室開催	○	
	カレー生産工場の見学会実施	○	
	人気タレントを使った広告	○	
	SNSを活用した情報発信	○	

出典：長崎（2021）「バーモントカレー　ハウス食品グループ（中国市場開拓による国際マー
ケティング成功事例）」

図表4　バーモントカレーが中国進出の際に実施したブランド要素戦略の分類

ブランド要素	具体的施策	世界標準化	現地適合化
ネーミング	発音が近い「百夢多咖喱」を採用	○	
シンボル	右上がり赤黒色帯上に白抜き表示	○	
パッケージ	黄色地に右上りシンボルや画像配置	○	
	カタカナ表記やサラダ画像の配置		○
スローガン	中国では「マイルドで香りが良いブロック状のカレー調味料」と明記		○
キャラクター	バーモントカレー・マンや点点ちゃん		○

出典：長崎（2021）「バーモントカレー　ハウス食品グループ　（中国市場開拓による国際マーケ
ティング成功事例）」

ブランド要素戦略についても、世界標準化と現地適応化の視点から分類を
行っている（図表4）。ブランド要素とはK. L, Keller（2000）が提唱した概念
で「ブランドアイデンティティとも呼ばれ、ブランドを識別し差別化するの
に有効で商標登録可能な手段である」と解説している。具体的には、ネーミ
ング、シンボル、ジングル、スローガン、パッケージ、そしてキャラクター

の6つの要素を指している。これらは、顧客がブランドの記憶を自身の内部記憶から引き出す際のトリガーになるものであり、法的にも保護が可能な要素である。

　ハウス食品はブランド要素戦略においても世界標準化と現地適応化を巧みに組み合わせて実施している。ネーミングには発音として「バーモントカレー」に近くなるよう「百夢多咖喱」という文字を選定している。また、シンボルの配色やパッケージも日本の商品とほぼ同じブランド要素を採用している。しかし度重なる現地調査の結果、現地適応化を採用したほうが効果的だと判断した要素に関しては、現地仕様に変更を行っている。カレーライスが広く普及している日本と違い、中国ではカレーは味付けに使う調味料として認識されており、カレールウは未知の商品なのである。そんな中国人にカレールウとは何かを知ってもらうため、日本では「りんごとハチミツとろ〜りとけてる」というスローガンを「マイルドで香りが良いブロック状のカレー調味料」という表現に変え、パッケージに表記している。他にも現地中国人の嗜好に合わせてパッケージにサラダの画像を掲載させるなどの現地適合化を採用している。企業が実際に行っている戦略は、このように2つの戦略を統合させたものになっている。

　長年グローバル・マーケティングについて研究を続けている大石（2015）は、世界標準化と現地適合化の二極論ではなく、両施策のいいとこ取りをする複合化戦略の有効性を指摘している。多くの場合、本国の親会社はコストダウンやグローバルイメージ形成を優先させ世界標準化を望み、海外現地法人は地元消費者のニーズを最大限に考慮した現地適合化を望む傾向にあり、コンフリクトが発生する。この複合化戦略の視点には、親会社と現地法人が目指すベクトルをうまく調整できることが期待されている。

2　パッケージにおける世界標準化・現地適合化のハイブリッド戦略

　多くの企業が国境を超えるマーケティングやブランド戦略を実施するうえで、大石が指摘するように世界標準化と現地適応化の両方を採用する複合化戦略をとってきた。しかし現実に採用された事例を詳細に分析すると、比重が片方の戦略に大きく偏っていることが分かる。ハウス食品がバーモントカ

レーを中国で展開した際には、世界標準化戦略を主軸に詳細部分を現地適合化させていた。消費者が店頭で視認した商品を脳内の内部記憶と照合してブランドを同定化する際にキーとなるネーミングやロゴ、パッケージが、ほぼ日本と同じであることがそれを象徴している。

　著者は長年パッケージとブランドの関係性について研究を続けているが、日本ブランドの大半がこのように日本と同じデザインで展開する世界標準化戦略を採用し、現地適応化させているブランドは少ないと認識していた。しかし今回、日本ブランドで海外展開するパッケージを探索している時、文字通り世界標準化と現地適応化を同じ程度の割合でデザイン展開しているブランドを偶然見つけ出した。それはキユーピーがベトナムで展開するマヨネーズのパッケージであった（図表5）。

図表5　キユーピー・マヨネーズの日本とベトナムのパッケージ

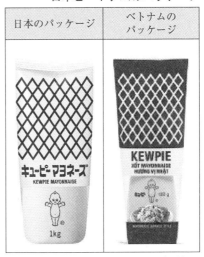

出典：キユーピー社HP

　マヨネーズが入ったチューブ型容器を透明な外袋で覆っている外観や、ブランド名、キユーピー・キャラクターの表示、そして何より赤と白が基調になった格子柄デザインを採用している点は、世界標準化戦略を採用している。ただし、パッケージ表面にサラダのシズル画像を採用している点や、格子柄に採用している赤と白の色彩パターンの関係性が逆転しているデザインが現地適応化されている点である。これは認知心理学などで使われる地と図の概念で説明することができる。視野に2つの領域が存在する際、一方の領域に形が見え、もう一方の領域が背景に見えることを指している。背景から分離して形として知覚される部分を「図」と呼び、背景として知覚される部分を「地」と呼ぶ。これはデンマークの心理学者ルビンが唱えた概念であり、ルビンの杯と顔という事例が有名である（図表6）。

　　今回のマヨネーズの場合、日本のパッケージは
白色の地に赤色格子柄の図が見え、ベトナムの
パッケージは赤色の地に白色格子柄の図が見え
ていることになる。前述したハウス食品のバーモ
ントカレー・パッケージは全体的な雰囲気がほぼ
同じであるのに対し、キユーピー・マヨネーズは
地と図が逆転して見えるため、共通点はあるもの
の別物に見えている可能性もある。ルビンの杯と

図表6　ルビンの杯と顔

出典：小学館　デジタル大辞
　　　泉「図と地の意味・読
　　　み・例文・類語」

顔の例で言えば、一方の国ではテーブルが見え、他方の国では人が向かい
合っているように見えているということである。ただし全く別物ではない点
が興味深く、このようなパッケージに対し消費者はどのように認識するの
か、ベトナム人を対象に調査を行った。

3　ハイブリット型パッケージに対するベトナム人の認識率調査

　　バーモントカレーの日本パッケージと中国パッケージにはデザイン上の類
似点が多く、例えブランド名が表示されたロゴ部分を削除し提示しても、多
くの日本人は中国パッケージを見た瞬時に「バーモントカレーだ」と認識で
きるであろう。逆もまたしかりで、中国人にロゴ部分を削除した日本パッ
ケージを見せてもバーモントカレーと認識できると想像できる。このタイプ
のパッケージは世界標準化と現地適応化の複合化パッケージと言いつつ、ほ
ぼ世界標準化パッケージに寄せた仕様になっているからである。しかし今回
調査対象に選んだのは、ベトナムや他アジアの国で展開する世界標準化と現
地適応化のちょうど中間の雰囲気を醸し出すパッケージである。本研究で
は、このタイプを世界標準化と現地適応化のハイブリッド型パッケージと名
付けることにする。今回は日本とベトナムの両国で展開する菓子ブランド
で、且つハイブリッド型パッケージを採用している4つの日本ブランドと、
日本企業の世界標準化パッケージ6つ、そしてグローバル企業の世界標準化
パッケージ2つを調査で提示し、ベトナムの被験者にブランド名を回答して
もらった（図表7）。

　　調査の概要は以下の通りである。

図表7　ベトナム人被験者へパッケージを提示したブランド一覧

ハイブリッド型パッケージ	世界標準化パッケージ（日本ブランド）	世界標準化パッケージ（海外ブランド）
・キユーピー・マヨネーズ ・カップヌードル ・プリッツ ・チキンラーメン	・ポッキー ・キシリトールガム ・バーモントカレー ・トッポ ・プリンミクス ・DHC コラーゲン	・キットカット ・オレオ

（調査目的）　ハイブリッド型日本パッケージ、他パッケージに対するベトナム人想起率の確認

（調査方法）　グーグルフォームによるアンケート調査後、インタビュー実施

（実験刺激物）　ロゴを削除した12ブランドのパッケージ　※図表7に提示

（インタビュー実施場所）　ベトナム・ハノイ市内

（被験者）　ベトナム人10代〜50代　男女　32名

（調査期間）　2023年8月24日〜31日

　今回の調査では、ハイブリッド型パッケージとの比較を行うために日本企業とグローバル企業が展開する世界標準化パッケージも調査対象に入れているが、主目的はハイブリッド型パッケージで展開する4ブランドに対するベトナム人被験者の想起率である。これら4ブランド（キユーピー・マヨネーズ、カップヌードル、プリッツ、チキンラーメン）は、バーモントカレーのような世界標準化パッケージ色が強い複合化パッケージではなく、キユーピー・マヨネーズに近いハイブリッド型パッケージであるとして選定した（図表8）。

　日清食品カップヌードルの日本パッケージは白地中央にロゴがあり、その上下にキャタピラマークと呼ばれる金色の縦縞が図として配置されている。しかしベトナムパッケージでは濃い青色が地として配置されており、キャタピラマークは上部と中央に図として配置されている。また、グリコのプリッツは日本パッケージが淡い緑を採用し、赤いロゴが中央に配置されているのに対し、ベトナムパッケージは濃い茶系を背景色として採用し、落ち着いた黒系色をロゴとして採用している。日清食品のチキンラーメンは、日本パッ

図表8 日本企業によるハイブリッド型パッケージ4ブランド

	日本展開パッケージ	ベトナム展開パッケージ	調査での提示画像
キユーピー・マヨネーズ			
カップヌードル			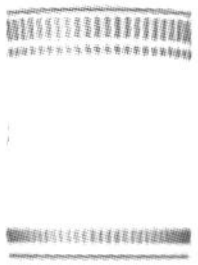
プリッツ			
チキンラーメン			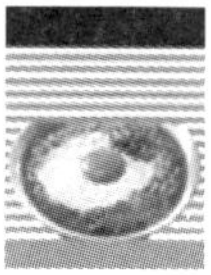

出典:各社HPからの画像を著者編集

ケージにおいてオレンジ系の横縞柄を背景全面に採用しているが、ベトナムパッケージではシズル画像などに隠れ1／3程度しか見えていない。

　調査では、日本パッケージとは全体的雰囲気は大きく異なるが、細かなデザイン要素には共通点を持つこれらのハイブリッド型パッケージをベトナム人被験者に提示し、ブランド名を回答してもらった。見たことはあるが名前が思い出せない場合は「ブランド名を忘れた」と記入してもらった。回答は①ブランド名正解、②カテゴリー正解、③ブランド名忘れ、④カテゴリー不正解、⑤知らないの5タイプに分けたが、集計にあたっては①ブランド名正解の他に③ブランド名忘れを加えたものも算出した（図表9）。ブランド名忘れを加えたのは、ブランドは認識できているが調査時に一時的に忘れたと理解し、正解に近い回答と判断した。

　ハイブリッド型パッケージの想起率を見るとブランドごとに大きく結果が

図表 9　タイプ別パッケージに対するベトナム人の想起率

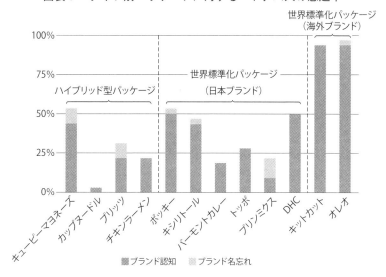

異なることが分かる。キユーピー・マヨネーズ以外は、想起率50％に達しな
かった。アンケート回答後のインタビュー調査でも、日本のプリッツとチキ
ンラーメンはベトナム製品と同じに見えないとの意見が多かった。カップ
ヌードルに関してはベトナムに日本と同じスタンダードなしょうゆ味パッ
ケージが存在しないこともあり、多くの被験者が同じブランドと認識してい
なかった。ただしキユーピー・マヨネーズに関しては赤と白の色彩と格子柄
が逆転していても多くのベトナム人が日本パッケージからブランドを想起す
ることが可能であった。

　今回、ハイブリッド型パッケージとの比較のために参考値として測定した
世界標準化パッケージの想起だが、特に海外企業による2ブランド（キット
カットとオレオ）の想起率は100％に迫る数値を記録していた。この2ブラン
ドは長年世界中で同じデザインにて展開しており、その成果が如実に表れた
結果となった。意外だったのは世界標準化パッケージを採用し、多くのベト
ナムのスーパーやコンビニの店頭に大量に陳列されている日本ブランドの
ポッキーやトッポの想起率が低かった点である（図表10）。この点に関しては

今後の解明が必要と思われる。

図表10　ベトナム大手スーパーの菓子売り場で大量陳列されるポッキーや
　　　　トッポ

出典：ベトナム・ハノイ市スーパーにて著者撮影

4　調査結果から得られたインサイトと実務へのインプリケーション

　本研究は、あくまでもハイブリッド型パッケージの想起率に対する探索的な調査であるが、今回3つのインサイトを得ることができた。ひとつ目は、キユーピー・マヨネーズのようなハイブリッド型パッケージを採用することで、デザインの可能性が広がることである。パッケージの世界標準化は、もともと1ヶ国の消費者に好まれるようにデザインされている。デザインに対する嗜好は各国で異なることが知られており、赤や紫を好む国民性があると同時に、好まない国もある。これは色彩だけでなく、シズル（商品画像）の掲載有無やパッケージの大きさなどに関しても同様のことが指摘されている。これらを考慮するとやはり現地で好まれる方向へデザインを変更しながらも、世界各国でブランドの想起率が下がらないデザインの存在は企業の戦略の幅を広げるものである。今回、ハイブリッド型パッケージのキユーピー・マヨネーズが、世界標準化パッケージで展開しているポッキーとほぼ同じ想起率を獲得したことは改めて注目すべきである。

　ふたつ目のインサイトは、ロッテのキシリトールガムとDHCのコラーゲン・サプリメントがポッキーと並ぶ想起率を獲得した点である。注目すべき

は、他のパッケージと異なりシズル画像が掲載されていなかったことである。ほかのパッケージには商品のシズル画像が掲載されているため、それを見てブランド名を検討した被験者もいるかもしれない。しかし、これら２つのパッケージには一切ヒントとなるシズル画像がないにも関わらず、パッケージ・デザインのみでブランドを想起できるほど被験者脳内の記憶と強く結びついていたと言える。キシリトールガムに関しては、ベトナムのスーパーなどのレジ周りに常に陳列されており、ここで存在感を発揮したと思われる。日本でもレジ周り商品の非計画購買率が高いことは検証されており、認知獲得に非常に有効であった思われる。

　最後は、グローバル・ブランドのキットカットやオレオが、ポッキーなどの２倍近い想起率を獲得していた点である。実はポッキーは世界30ヶ国以上で世界標準化パッケージとして販売されているが、一部英国などではMIKADO（ミカド）という名称で販売されている。また、マレーシアでは近年リニューアルで世界標準化パッケージに変更される前まで「ROCKY（ロッキー）」という名称で販売されていた。世界中で長年世界標準化パッケージを展開してきたキットカットやオレオと、各国の状況を鑑み、その都度パッケージの在り方を探ってきた日本企業戦略との差がここにある。この時間のギャップを埋めることは容易ではない。逆にグローバル企業が採用してこなかったハイブリッド型パッケージにて高い認知を獲得しながら、現地消費者の嗜好も反映させたデザインにすることで親近感も獲得するパッケージを目指すべきではないだろうか。今後の日本企業のパッケージ戦略に期待したい。

〔引用・参考文献〕

Douglas, S. P. and Craig, C. S.(1989)Evolution of global marketing strategy: Scle, scope, and synergy. Columbia journal of World Business, 24(3)

Kevin. Lane, Keller［1998］STRATEGIC BRAND MANAGEMENT, Prentice-Hall, Inc＝ケビン・レーン・ケラー／恩蔵直人・亀井昭宏訳（2000）『戦略的ブランド・マネジメント』東急エージェンシー出版

大石芳裕（2015）『マーケティング零』白桃書房

大石芳裕 (2017)『グローバル・マーケティング零』白桃書房

長崎秀俊 (2021)「バーモントカレー　ハウス食品グループ　(中国市場開拓による国際マーケティング成功事例)」『ブランド戦略ケースブック2.0』同文舘出版

第6章　消費社会の「これまで」と「これから」

田中　泰恵

1　はじめに　─消費社会とは何か─

　「消費」という概念はさまざまな分野で研究されている。たとえばミクロ経済学では、消費者の行動を分析し、経済の一般法則を導き出している。また心理学や経営学の分野では、消費者が購買行動を起こす要因や条件、意思決定のプロセスについて考察している。さらに家政学においては、家計における消費の実態が調べられ、その結果から消費動向の違いや変化を分析している。そして社会学における消費研究は、消費という行動を単独でとらえるのではなく、消費行動と文化や社会との関わりに関心を持つ点に特徴があるとされている。つまり社会現象との関連、あるいは社会全体との関連の中で消費行動を分析し、消費を通じて社会を知り、消費の変化から現代社会の変化の方向性を見極めようとしている。

　ところで私たち人間は大昔から生きていくために必要な食物や生活必需品を消費しているが、実は社会学の研究対象である「消費社会」は、それらの時代すべてを含んでいるわけではない。社会学者の間々田孝夫は消費社会を「人々が消費に対して強い関心をもち、高い水準の消費が行なわれる社会であり、それにともなってさまざまな社会的変化が生じるような社会」（間々田他, 2021:6）と定義している。ここでいう「高い水準の消費」とは、健康と安全を最低限維持できるような慎ましい生活を超えて、ある程度は暮らしに余裕があり、消費することに楽しみを見出せる状態であり、さらに高い水準の消費が、ごく一部の人だけの贅沢ではなく、広く一般の庶民までも含めて、豊かな生活を送っていることも意味している。そのため消費社会は「大衆消費社会」とも呼ばれる。

　この大衆消費社会では、人々は買物に対して強い関心を持ち、衣食住を満たすだけでなく、それを楽しみ、趣味や娯楽、レジャーに価値を置いてい

る。また、このような高い水準の消費を可能とし、人々の欲求に応えるため、行政や生産、流通などで、水準に見合った仕組みがあることも特徴となっている。さらに一方で、消費に熱中するあまり、自分以外の人々に犠牲を強いたり、地球環境に深刻な被害をもたらすなど、さまざまな問題も発生、消費現象が社会全体を大きく変容させていく、という点も併せ持つことが指摘されている。

　これらを整理すると、消費社会は外面的には高い水準の消費、内面的には人々の消費への強い関心、社会的には様々な社会の仕組みや社会的影響という３つの要素を含んだものとなる。そして間々田はそれらを順に「物質的要素」「精神的要素」「社会的要素」と呼び、これら３つの要素が揃った社会こそが消費社会といえる、としている。

　では、消費社会はどの時期に成立したと考えるべきであろうか。これについては研究者の間でも、人々の生活水準が著しく向上した1920年代のアメリカで大衆消費社会が成立したとする意見や、消費者のライフスタイルの変化から17〜19世紀のヨーロッパに消費社会の起源があるとする意見などもあり、判断が分かれている。しかしその中で、1950年代から60年代前半にかけてのアメリカ社会をもって消費社会の成立であると見る研究者が多い。それは当時のアメリカが、以下のような社会的状況にあったためとされている。

　1950年代のアメリカは世界第１位の経済大国となり、GNP（国民総生産）の圧倒的な高さと、かつてない高水準の消費生活を実現していた。その結果、大量生産システムが確立し、流通は合理化され、スーパーマーケットやショッピングセンターがいたる所で見られるようになる。また広告やマーケティングの手段も発達し、クレジットカードなどの決済手段も普及し、大量消費を支えるための仕組みが、この時に出来上がった。一方で、浪費的な消費が目立つようになり、消費者問題や環境問題など、消費社会の負の側面が注目されるようになった時期でもあったのである。つまりこの時期に「物質的要素」「精神的要素」「社会的要素」という３要素が初めて出そろい、それ以前の時代には見られない社会状況に到達したと考えられるためである。

2　日本における消費社会の成立

　日本も第二次世界大戦後、アメリカに追随する形で消費社会が成立することとなる。1945年の終戦後の混乱期を過ぎ、社会全体で着る・食べる・住まうなどの衣食住の生理的欲求が満たされると、人々はモノの豊かさによって生活を便利で快適にしようとする欲求を持つようになった。それは、年平均で10％もの経済成長を続けたという高度経済成長期（1955年〜1973年）と重なり、アメリカ同様に大量生産システムが確立、流通は合理化され、急激に人々の生活に変化をもたらしていくこととなった。この状況を具体的に確認してみたい。

　まず衣生活においては、「現在のように既製服の洪水のなかにいると分からないが、日本で衣服を購入する手段として既製服が一般化したのは1960年代でしかない。」（北山晴一，2013）とあるように、日本では1960年代より既製服が徐々に浸透していくこととなる。戦争直後には、女性はもんぺ姿、男性は国民服や復員服が大半であったが、やがて女性のスカート姿、男性のＹシャツとズボン姿が広がっていった。より具体的には、「1949年には、洋裁学校は全国で2,000校、生徒約20万人といわれており、洋裁ブームが広がった。洋服は家庭内で作られる部分が多く、既製服の商品生産が一般化しているとは言えなかった。紳士スーツも、個人の体型に合わせて寸法を採寸し、型紙を起こし1着ずつ裁断して、仮縫いをし、身体に合わせて仕上げていくという一品注文生産を行う製造小売が一般的であった。」「日本のアパレル産業は、1960年代に産業として形成され始め、1970年代前半期までに形をなした。日本の全国市場に向けて、アパレルの大量生産・大量販売体制が成立し、衣服既製化ができあがった。アパレル産業という言葉が使用され始めたのは、1972年頃からである。」（木下明浩，2016）と報告されている。以上からも理解できるように、1970年代より大量生産・大量販売により安価な衣服が入手できるようになると、衣服は家庭や仕立て屋で製作するものではなく購入（消費）するものとなったのである。

　また食生活においては、それまで徒歩圏内で買物ができる地域の商店街（八百屋・魚屋などの専門小売店の集合体）での食料品の購入が中心であったが、

低価格で大量な商品が置かれたスーパーマーケットでの購入に、人々の消費行動がシフトしていった。ちなみに西友ストアーがスーパーマーケットチェーン事業を始めたのが1963年、イトーヨーカドーが本格的な食料品売り場を展開し始めたのは1967年である。また1967年以降段階的に進められた資本の自由化により、1970年代には外資のロイヤルホストなどのファミリーレストラン、マクドナルドやケンタッキーなどのファストフードのチェーンレストランが相次いで進出し、食材だけでなく多様な食事や食事の場を消費することを享受するようになった。

　さらに、耐久消費財である冷蔵庫・洗濯機・白黒テレビが"三種の神器"と呼ばれ多くの家庭で購入され家電市場が拡大したのは1950年代半ばである。さらに1970年代のモータリゼーション（自動車が生活必需品として普及する現象）は単に自動車が購入されただけでなく、自家用車の普及により先に挙げたスーパーマーケットでの大量購入やファミリーレストラン・ファストフードの利用を後押し、レジャーや旅行の増加など人々の生活水準向上にも大きく寄与している。

　一方で、消費社会の定義の中でも指摘されている負の社会的影響も発生している。大量生産の実現によって大規模な工場で生産された商品に問題が生じると、健康被害などの同種の被害が広範囲にわたって大量に発生するという問題が起こり始めた。代表的な事件として「森永ヒ素ミルク中毒（1955年）」があげられる。被害者の数は12,344人、うち死亡者は130名。当初は奇病扱いされたものの、後に1955年4月から8月の間に徳島工場で生産された育児用粉乳の中に、大量のヒ素化合物が混入していたことが原因であったことが突き止められた。

　また消費者が積極的に新商品を購入することによる急速な産業・経済の発展は、インフレによる物価高、不当表示、薬害、公害といった歪みももたらしてもいる。不当表示については1962年に中核となる法律である「不当景品類および不当表示防止法」が成立しているが、その後も様々な表示に関する問題が起きており、そのたびに法律の改正や新しい法律が成立している。公害としては、熊本県発生した水俣病[1]発生（1956年）が代表的なものとしてあげられよう。水俣病は1956年に公式発見されたが、チッソ（株）は会社の利

益を優先してその事実を長い間隠していた。またチッソ（株）が作る化学物
質は高度成長期の人々の生活に密着しており、国も操業を停止できなかった
という側面もあるとされている。

　以上のように日本社会も第二次世界大戦後、外面的には高い水準の消費、
内面的には人々の消費への強い関心、社会的には様々な社会の仕組みや社会
的影響という３つの要素を含んだ消費社会の様相を呈したことがうかがえ
る。

3　消費社会変遷の外観

　ここまで消費社会の定義と成立について述べてきたが、当然に消費社会の
あり方は時代の経過とともに変化する。これについては、それぞれの視点や
年代の区分は少しずれているものの、多くの研究者が戦後の消費社会を大き
く３つの段階に整理している。代表的な３名の区分について、簡単に説明し
たい。

　まず間々田は、戦後日本の消費文化[2]は大きく分けて３つの段階があった
としている。なお消費文化とは、「消費社会にみられる、消費をめぐっての
価値観、行動様式、事物のあり方などで、消費者のみならず生産者にも広く
共有されている文化的パターン」（間々田, 2021: 8）であり、その観点から分
類すると、第１は、「機能的価値を満たす」消費文化、第２は「他者や集団
や社会との関係を調整する」消費文化、第３は「文化的価値を深く追求しよ
うとする」消費文化としている。これら三つの消費文化は、資本主義の発展
のそれぞれの局面に発生し、明確に終わりがあるわけでなく、層をなしてい
ると間々田は論じている。

　また三浦展は著書『第四の消費』で、第１の消費社会を戦前の1912年〜
1941年としており、都市部を中心に人口１〜２割にあたる中流階級の人々
が、洋風化した生活様式を楽しむようになったと述べている。そして戦後に
ついては３つの時期に区分することができるとし、第２の消費社会は1945年
〜1974年で工業化によって大量生産品が普及していく時代、第３の消費社会
は1975年〜2004年で、消費の単位が家族から個人へと変化した時代、さらに
2005年以降の第４の消費社会は、ノンブランド志向、シンプル志向、カジュ

アル志向、日本志向、地方志向、つながり、シェアなどによって特徴づけられると論じた。

　さらに橋本務は、著書『ロスト近代』において時代の駆動因という観点から「近代／ポスト近代／ロスト近代」と命名した3つの時代区分を提言している。橋本は、1945年〜1960年代を「近代」、1970年代から1990年代中頃までの社会を「ポスト近代」、1990年代半ば以降の社会を「ロスト社会」とし、それぞれのフェーズ（局面）の駆動因は、「欲求充足」「欲望増幅」「潜在的可能性の開発」と呼ぶことができると述べている。

4 消費社会の変化の要因

　消費社会の変化における要因は次の3つに分けることができる。

　1つ目は、消費者が望むことが変化することによって生じる変化である。人間はシンプルな欲求からスタートし、それが実現すると、次第により実現しにくい欲求を持つようになる。これは消費社会の精神的要素の変化といえるが、その欲求を実現させるために消費されるもの（物質的要素）が変化し、また社会の仕組みも変化していく（社会的要素）。

　2つ目は、社会問題を解決するために生じる変化である。消費社会がもたらす負の側面、つまり社会問題を解決するためには、消費者と消費社会が変化して、それに対処せざるを得ない。これらの社会問題は消費社会の社会的要素であるが、その深刻化とともに、消費者の消費に対する考え方（精神的要素）は変化し、消費されるもの（物質的要素）が変化し、消費社会の仕組み（社会的要素）も変わっていくと考えられる。

　3つ目は、消費社会を取り巻く社会環境が変化したことによって生じる変化である。情報化、キャッシュレス化などの社会環境の変化によっても様々な影響を受け、物質的要素、精神的要素、社会的要素の変化が生じている。そして実際の消費社会においては、これらが重なり合って複雑な変動が生じている。

5　消費文化と消費行動

　本項では、間々田が提唱している3つの消費文化について、もう少し説明

してみたい。「消費文化」は上記の「消費者の望むこと」と「消費社会の問題の解決」の変化に注目した分類となっている。

　第1の消費文化は、便利で機能が優れ、価格も安い製品を追求し、消費の量的拡大を目指す消費文化である。消費社会の誕生とともに生まれた文化であり、消費者は他人より新しいモノや珍しいモノを所有したり、モノの豊富さに価値を見出していた。このような消費行動は「モノ消費」とも呼ばれている。

　第2の消費文化は、他者に自分が優れていること、自分が個性的であることなどを示そうとする消費と、従来とは異なる目新しい消費を追求するものであり、具体的には高級ブランドの購入や、流行の新しいファッションを追ったりすることを表している。特に1980年代においては、ブランドやデザインといった記号によって他人と差別化を行い、そこで生まれた他者との差異によって、自己の欲求を満たしていく消費が盛んに行われた。このような消費行動は「記号消費」と呼ばれ注目された。記号消費の対象は主に「ヴェブレン財」と呼ばれるモノである。ヴェブレン財とはアメリカの経済学者ヴェブレンが著書『有閑階級の理論』（1899年）の中で、有閑階級が自らの財力を誇示し、それによって社会的尊敬を得る目的のため行われる「衒示（けんじ）的消費」に由来し、高級ブランド品やラグジュアリー商品など“裕福”“豪華”といった社会的メッセージを持つ記号の消費が対象であった。言い換えれば価格が高いこと自体が価値を擁していたともいえる。

　日本では、高度経済成長期に第1の消費文化が急速に普及し、それが一段落した1980年代頃から第2の消費文化の一部である記号消費が目立ち始めたために、人々が望むものが実用的なものから実用性に乏しく記号的な意味を持つものに変わったと解釈されることも多い。しかし間々田はこれに異を唱え、人々が求めものは、「実用的で便利なものを求める消費」傾向に「充実感をもたらし、精神的な豊かさをもたらすような消費」を求める傾向が加わり、しだいに後者の重要性が増大したと述べている。つまり第1の消費文化から第2の消費文化に切り替わったのではなく、プラスされ（層になり）、その比重が変化しているというのである。

　実際に1990年代以降の消費行動の傾向は、モノや記号によって差別化意識

や優越感を得ていた消費傾向から、旅行やグルメ、習い事、趣味、リラクゼーションなどアクティビティと呼ばれるサービス（消費機会）に需要が高まり、新しいコトや珍しいコトの体験や経験が人々の消費を活性化していくようになった。このような消費傾向は「コト消費」とも呼ばれているが、人々の幸福追求に大きな役割を果たしているとも考えられる。

　そしてその後、消費者の中には、自身の精神的充足を目的とした消費だけではなく、他人や社会、環境に配慮した消費を目指そうとする者も見受けられるようになった。物質的な消費の豊かさの追求が実現され、記号などによる他者との差別化を目的とした消費が飽和した消費社会は、第三の消費文化が加わるという局面を迎えたのである。間々田は、消費者の中には「意識的であるか無意識的であるかを問わず、自然および社会に対する負の影響を回避し、その安定に資するような消費行為を行なう者も現れた」（間々田，2011）、と指摘している。いわゆる「エシカル消費」がこれに該当するが、ヨーロッパ諸国では1990年代から、日本では2010年代から徐々に浸透してきた消費行動である。なおホットペッパーグルメ外食総研エヴァンジェリストの竹田邦弘氏は、このような行動をとる消費者は商品・サービス自体の機能だけではなく、それらに付帯する社会的・文化的な「価値」に共感し商品を選択しているとし、これを「イミ消費」と命名している。また消費者の関心には、「環境保全」、「地域貢献」、「他者支援」、「歴史・文化伝承」、「健康維持」なども含まれ、商品選好時に、そのような付帯価値へ対価を支払うことによって、充足感や貢献感を得ようとしていると述べている。

6　三つの消費文化の複合としての消費社会

　先述したように、間々田は三つの消費文化は、資本主義の発展のそれぞれの局面に発生し、層をなし、またその割合が変化していると述べている。日本の消費社会は、戦後の1950年代に第1の消費文化、1980年代に第2の消費文化、2010年代に第3の消費文化と、約30年ごとに新たな消費文化が生まれているが、それらは入れ替わったわけではなく、付加されていったと考えるべきであると主張しているのである。

　第1の消費文化は、便利で機能が優れ、価格も安い製品を追求し、消費の

量的拡大を目指す消費文化である。モノがない時代には、まずはこの欲求が一番となるのは当然である。ほとんどの人がこのような状態にあった第二次世界大戦後の日本では、社会全体が「第1の消費文化」一色であったと言っても過言ではない。また、現在においても多くの消費者は、便利で機能が優れた商品、そして同じ機能であるならば安価な商品を選択している。

　第2の消費文化は、具体的には高級ブランドの購入や、流行の新しいファッションを追ったりすることであった。高級ブランドの購入については、日本の消費社会においては1980年代に広く浸透し、収入が少ない若者もブランド製品を多数所持するという社会現象が起こったが、1990年代から突入する長い不景気の時代にその現象は縮小した。しかしブランドに対する価値や信頼を重視した消費行動がなくなったわけではない。また流行の新しいファッションを追うことは、不景気の時代を経ても広く長く一般的に浸透している。そしてさらに、モノを得ることだけではなく形のない経験・体験を含めた精神的な豊かさを求める消費傾向が広がっていった。

　そして第3の消費文化が出現した2010年以降、私たち消費者の中には「意識的であるか無意識的であるかを問わず、自然および社会に対する負の影響を回避し、その安定に資するような消費行為を行なう」者が静かに広く浸透していることが様々な調査によっても明らかになっている。

　このように近年、消費者は各自の消費行動のうち、第1の消費文化、第2の消費文化の割合の一部を第3の消費文化に移行する傾向にあるが、その割合を決定するのは、あくまで各個人の意思である。当然に、すべての消費者が第3の消費文化を取り入れているわけではない。さらに私論を付け加えるならば、この個人の意思決定の背景には、その個人の経済環境、生活環境、教育の機会なども大きく影響していると考えられる。格差社会、多様性の時代といわれる現代社会における消費社会は、非常に複雑な様相を呈しているともいえるのではないだろうか。以上から、現代の消費社会は3つの消費文化が複雑に複合した社会であるともいえる。

7　おわりに　―消費社会の今後に向けて―

　本稿では、間々田の消費文化という視点から分析・整理した解釈を中心と

して、消費社会について説明した。筆者は20年ほど前から、第3の消費文化に含まれるエシカル消費（かつては倫理的消費、さらにそれ以前では消費者市民社会という言葉で表現）に関心を寄せて研究や授業を実施してきたが、間々田の解釈を得て、ようやくこれまでの点と点が結ばれ整理されたようにも感じている。

　現在、SDGsの認知拡大に後押しされる形で、第3の消費文化である自然や社会に与える負の影響を回避する、または改善する消費行動が少しずつ浸透してきているのは確かである。しかし、それは危機的状況にある環境問題や人権問題の改善に資するには、不十分である。またそのような消費行動を実践している人の中でも、歴史を踏まえた社会的背景や本来的な意味を十分に理解している人は少ないと予想される。

　第二次世界大戦後に生まれた消費社会において、私たちひとり一人は消費により豊かさや楽しみ、充実感を得たことも確かであるが、同時に社会課題を生むという加害者にもなり、それによって被害を受ける被害者にもなった。消費社会は今後、第3の消費文化の割合を増やすことにより、消費社会そのものがもたらした負の社会課題を解決していくのか、それとも消費社会を終わらせ違う形の社会を目指すのか、今後の向かうべき方向を考える時期にある。大局をとらえ、今後の方向性を見誤らないためにも、いまこそ世代を超えて消費社会に対する認識を深めるべき時なのではないだろうか。

注

1　チッソ（株）の化学工場から海や河川に排出されたメチル水銀化合物を、魚、エビ、カニ、貝などの魚介類が直接エラや消化管から吸収して、あるいは食物連鎖を通じて体内に高濃度に蓄積し、これを日常的に食べた住民の間に発生した中毒性の神経疾患。
2　C.リューリは著書『消費文化』の中で、「物質文化（material culture）」と「消費文化（consumer culture）」を区別し、物質文化は消費や物の使用のあり方一般を示すもの、消費文化は、20世紀後半に欧米社会に現れた特殊な文化を意味するものと考えており、間々田も同様な考えから消費文化を定義している。

〔引用・参考文献〕

北山晴一（2013）「既製服普及以前の衣料品流通の光景」『DRESSTUDY,Vol.64』, 4-12

木下明浩（2016）「日本におけるアパレル産業の形成」『Fashion Talks…,Vol.3』, 42-51

（公社）日本フードスペシャリスト協会編（2021）『四訂 食品の消費と流通』建帛社

竹田 邦弘（ホットペッパーグルメ外食総研　エヴァンジェリスト）（2018年01月25日）「変「質」する外食市場 〜マーケットの読み方と付加価値の磨き方〜（前半）」＜https://www.hotpepper.jp/ggs/seminar/article/seminar/20180125_1＞（2024年1月5日）

橋本務 編著（2021）『ロスト欲望社会』勁草書房

間々田孝夫（2011）「『第三の消費文化』の概念とその意義」『応用社会学研究№ 53』, 21-33

間々田孝夫・藤岡真之・水原俊博・寺島拓幸（2021）『新・消費社会論』有斐閣

第7章　コロナ２類感染症指定の大罪
―人口動態統計が語る衝撃の事実―

林　俊郎

はじめに―２類感染症指定は緊急非常事態宣言

コロナ恐怖を煽る人々の目的

　およそ３年半に及んで全国に吹き荒れたコロナ（covid-19、以下コロナ）騒動は未だ感染を拡大（第九波）させている中で、嘘のように沈静化し、今ではメディアもまったく話題にすることもなくなってしまった。このことは、もはやコロナ問題は彼らにとって飯の種にならなくなったということを意味する。コロナ騒動の沈静化はコロナの２類感染症指定の解消を起点にしていることから、人々をあれほどまでに恐れさせた元凶がコロナそのものではなくこの感染症指定に振り回された国の対コロナ政策にあったことは歴然としている。しかし、このことにどれほどの人が気づかれたであろうか。この感染症指定のカテゴリーは、患者だけでなく、コロナ陽性者（以下陽性者）と接触の可能性のある人をも濃厚接触者として徹底的に追跡して強制隔離するほどの絶対的権限を感染症関係機関や関係者に与えるものである。もう少し辛辣な発言をお許しいただければ、彼らは感染予防を錦の御旗に立ててその権限を振りかざし、国民を極度な恐怖の虜にして結果的に国をも意のままに動かすことができるのである。そのよい例がこの度の長期に及んだ２類感染症指定である。２類感染症指定は国の緊急非常事態宣言と同等の権限を関係機関に与えるものであり、一旦これを握り、そのうま味を知った関係者は容易にはそれを手放さない。過去に感染症関係者がどれほどの犯罪的行為を行ってきたか、らい予防法や血液製剤によるエイズ感染薬害事件を記憶されている方ならばよくご存じのはずである。この２類感染症指定は感染が拡大する前にこそ有効であるが、一旦感染の拡大が始まれば却って混乱を助長する。事実その通りのことが起こってしまった。コロナ恐怖を煽る感染症関係者とマスコミの大合唱により国民はすっかり怯え、長期間の学校閉鎖に相次

ぐロックダウンで国民生活はひどく疲弊する一方で、湯水のように放出される膨大なコロナ対策給付金に群がる利権亡者は沸き立った。その結果もたらされたものは、感染症医療機関は空前の黒字を計上し、グローバル医薬品メーカは巨万の富を貪り、政治家や官僚までが給付金の搾取をはたらき、国のバラマキ政策は国民にいかなる苦難にも耐えて創意工夫してきた先人の精神を忘れさせ、無気力と怠惰に詐欺、たかり精神を植え付けてすっかり国全体を堕落させてしまった。今や日本国民は、旧ソ連を崩壊に導いた当時の怠惰なあの国民となんら変わらなくなってしまったかのようだ。

　ところが、あれほどまでに私たちを震撼させたコロナ恐怖情報が作為的につくり出された幻想であったとしたらどうだろうか。本稿は報告されてきたコロナによる死亡数、陽性者数、よってそこから導かれる死亡率までが実態と大きくかけ離れた虚構の産物であることを明らかにした。コロナは高齢者をターゲットにしていると盛んに恐怖が煽られてきたが、高齢者はもともと死亡率が高いのであり、報告されてきた陽性者の大きく水増しさせた虚構のコロナ死亡率でさえ全国の年間死亡率に遠く及ばず、一般の高齢者の高い死亡率に便乗したコケ脅しに過ぎない。

　それよりも、この度のコロナ騒動で驚愕の事実が明らかになった。コロナ元年の日本中がコロナパニックに陥り、半ば医療崩壊が起こった2020年の日本人全体の死亡数が前年を大きく下回ったが、この意味するところは重大である。すなわち、恐怖のコロナの大ウソが暴かれた上に、早期発見早期治療の下に日常行われていた医療活動に疑問符が突き付けられたのである。

　さらに、コロナから命を守るはずのコロナワクチンが導入された2021・22年には一転して日本人の異常な死亡増が起こり、2022年だけでも日本人の死亡率を10％ほども上昇させてしまった。この死亡増のほとんどがコロナ死とは関係のない死であり、専門家やメディアは真実を国民に伝えていないのである。

　この度のコロナ騒動で最も甚大な損害を受けた国は世界一の債務国の日本であり、それをもたらしたものが2類感染症の指定である。国中を衰退と頽廃の渦に巻き込んだ2類感染症指定を3年半に及んで引き延ばしてきた主犯格は、いたずらに国民に恐怖を煽り続けてきた尾身茂会長の新型コロナウイ

ルス感染症対策分科会（以下分科会）の存在であった。私はこれまでにコロナ問題について3冊の本に2類感染症指定の早い見直しを訴えてきたが[1,2,3]、ここでは一部データを再掲してコロナ問題を総括した。これほどまでにこの国が手ひどいダメージを受けた背景には政府や専門家に大きな責任があるが、それと劣らぬほどの重い責任がそれを容認してきた私たち国民にもある。この度の世界同時に勃発したコロナ禍で、はからずも日本民族の特異な性質がクローズアップされてしまった。結びに「家畜化が進む日本人」を記した。ここでは人類学で話題にされている現代人の家畜化にともなって生じる脳容積の変化について警告の意を込めて記述したが、興味深く読んでいただけると思う。最後まで読み進めていただければ望外の喜びである。

1　集団パニックがもたらした大量死

コロナ恐怖に翻弄された全世界

　2019年末に中国の武漢に突如現れたコロナはたちまち感染爆発を起こし、その地域一帯を集団パニックに陥らせた。今世紀に入り殺傷力の強いサーズコロナウイルスにマーズコロナウイルスと立て続けに出現してきた病原体にさんざん脅かされてきた武漢の住民が、爆発的に感染拡大するコロナの出現に慌てふためき、パニックに陥ったのも当然であった。集団パニックというと、1938年の米国で起こった火星人襲来騒動が思い出される。火星の大地に刻まれた巨大な渓谷を運河と誤訳したことから、この惑星に高度な文明をもった生物がいたという前触れもあって、音楽番組を装った「宇宙戦争」と題する空想科学ドラマをラジオで聞いた人々が現実のことと錯覚してパニックに陥り、人里離れた山奥に逃げ込むという騒動が起こった。後の調査で逃げ出した人々には地域的偏りはなくほぼ全米に分布しており、学歴や職業、貧富に関係なくほぼ一様であったことが分かっている。突発的な出来事に人は誰でもパニックに陥る可能性があり、決してそれらの人々を笑うことはできない。問題は、原因が分かった段階での早い頭の切り替えである。

　コロナは2020年に入って瞬く間に全世界に蔓延して人類社会を大混乱に陥らせ、各地に大きな被害の爪痕を残した。極めて致死率の高い未知のウイルスという触れ込みが世界中の人々を震え上がらせ、いたるところで集団パ

ニックが発生した。皮肉にも最新のPCR検査機器の登場が大量の陽性者を
出し、それらの人々が病院に殺到したために医療崩壊をもたらし被害を拡大
させてしまった。当時、未知のコロナに対する恐怖心は誰もがもっていた。
特にコロナ陽性者と直接対峙しなければならない医療関係者の恐怖は第三者
からは計り知れないほどのものがあったであろう。たちまち世界各地の病院
や高齢者施設で医療・介護崩壊が起こった。イタリアでは埋葬や火葬が間に
合わず、体育館に一時保管された大量の遺体、荒涼としたメキシコの大地に
墓石もなく遺体を埋葬したことを示すおびただしい小旗だけが整然と並ぶ
寒々しい光景は人々にこの世の終末を連想させるに充分な効果を果たし、こ
のようなメディア報道が却って被害を拡大させることになった。コロナの拡
散による被害は皮肉にも低開発国よりも医療や福祉制度が進んでいた先進各
国に著しいものがあった。たとえばイタリアでは犠牲者の70％以上は元々の
入院患者や介護施設の入所者であった。大量の犠牲者が出た原因解明が直ち
に行われたことは言うまでもない。

はじめの一年で暴かれた幻想のコロナ

　コロナが世界中に拡散した2020年前半の第一波と後半の第二波における各
国の陽性者の死亡率の一部を図1に示した。第一波ではいずれの国も著しく
高い死亡率がみられたが、第二波ではそれがウソのように低下した。たとえ
ばイギリスでは第一波で陽性者の死亡率は14.0％にもなったが、第二波では

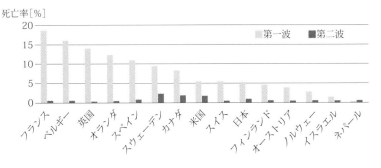

図1　コロナ第一波及び第二波における各国の死亡率比較例

（出所）「ジョン・ホプキンス大学」で公表している感染状況データより

0.34％と極端に低下した。この傾向は先進国に限ったものではなく、世界各国共通する現象である。先進各国は第一波でこそ集団パニックを起こして大量の犠牲者を出したが、原因を解明するやその後立ち直りが早かった。

　なぜコロナ患者の治療法はおろか、治療薬やワクチンも開発されていないこの段階の第二波で急激な死亡率の低下が起こったのか。その後の調査で、第一波で発生した大量の犠牲者は、主に介護施設などに収容されていた高齢者が集団パニックにより本来の持病の治療を受けることなく放置されたことによるものであった。たとえコロナ陽性であっても普段通りの生活に戻るだけで死亡率は激減したのである。なんのことはない、コロナ発生初期段階の報告された陽性者の高い死亡率は、大量の陽性者の確認漏れと医療現場や介護施設における集団パニックによってもたらされた人為的な現象にすぎなかったのである。この段階でコロナはもはや過度に恐れるに足らない季節性インフルエンザ並みの感染症にすぎないことが誰の目にも歴然としてきた。これを境に、世界各国はゼロコロナから with コロナへと舵を切り、国を開放して経済活動を復活させる政策にシフトさせている。

世界の潮流に逆行した日本

　日本では亡き安倍首相が現職中に２類感染症指定の見直しを公約したが、彼の提案は退任後に厚労省の専門家によりあっさり却下されてしまった。実は、これが日本の衰退を決定づける重大な分岐点になった。次の菅内閣では、将来長く日本国民に課せられるであろう重い税負担を案じて通常の東京オリンピック開催を勧めるフランスなどの助言があったにも関わらず、無観客開催を余儀なくしてしまった。さらに次の岸田内閣では思わず自分の耳を疑うようなことが起こった。前任の二人の首相が２類感染症の見直しを真剣に模索してきたにもかかわらず、岸田首相は就任早々に国民の生命を守ると大口を叩き、この期におよんでゼロコロナ政策に舵を切ったかのように全国民の無料 PCR 検査の実施と徹底した水際作戦という世界の潮流とは逆行した時代錯誤の鎖国政策を公約したのだ。これは国益をまったく顧みず、まやかしのコロナ恐怖に脅える人々に便乗してただ国民的人気を得ることに目的があったことは誰の目にも明らかであろう。なぜならこの愚かな政策により２

類感染症の見直しはさらに1年半も先延ばしになり、国民生活はいよいよ困窮の度を増し、後述するように人々の命が守られるどころか却って多くの命が奪われ、さらに一説には300兆円を越える国益が失われ[4]、現役は元よりこれからの世代に莫大な負の遺産を残すことになってしまったのである。しかも、2類感染症の見直しが完全に終了するには2024年4月まで待たねばならず、この原稿を書いている今も大量の国費が垂れ流されているのである。冬場に入り、コロナはさらに感染を拡大させている。感染症専門医は荒稼ぎのラストチャンスとばかりにさほど症状もない患者に高額な薬を大量に処方する一方で、38度ほどの発熱があるコロナ患者に漢方の葛根湯だけを与えている医師もいる。彼はコロナがさして恐れる必要のない風邪に過ぎないことを達観し、国の過剰な対コロナ政策に無言の抗議を示しているかのようである。

国を危うくする人気取り政策

　話を岸田首相に戻す。コロナ問題とは直接関係がないが、岸田首相の人気取り政策の弊害はウクライナ戦争に対する政策にも現れている。当事国でもない日本がフランスをも抜くほどの巨額の支援をウクライナに送り、どのNATO諸国よりも激しくロシアや中国を名指しで挑発する彼の発言により近い将来はおろか、すでに暗雲が日本に漂ってきている。ウクライナ戦争を正当に評価するためにはそこに至った歴史的経緯を知らねばならず、ましてや当事国でもない日本の首相がしゃしゃり出る必要はない。どうやらウクライナ戦争の様相は本シリーズの22号に指摘した通りに推移してきたかのようである[5]。ぜひ一読していただければと思う。

2　コロナ元年に起こった平均余命最長寿記録樹立の謎

統計データを読み解く

　人口動態統計は国の将来を決める基礎資料であり、国連にも報告されている。統計データを悪用して国民を騙す事件はこれまでも頻繁に発生しているから、たとえ権威のある専門家の発言であってもよほど注意しなければならない。ここでは人口動態統計のデータを幾つか引用するが、必ず自分の目で

確認していただきたい。データは単に数値を確認するだけでなく、できれば
グラフ化するとそれまで気づかなかった全体的なトレンドや明らかな異変が
見えてくるはずである。

コロナ禍で起こった空前の死亡減の謎

　今世紀に入ってからの日本人の年間死亡数をグラフに示したのが図２であ
る。日本人の年間死亡数は高齢化に伴って毎年増加の一途を辿り、2020年に
はついに140万人台に達するはずであったが、この年の異変に注目していた
だきたい。なんと、この年に限って年間死亡数が予定死亡数を5万人ほど下
回ってしまったのである。

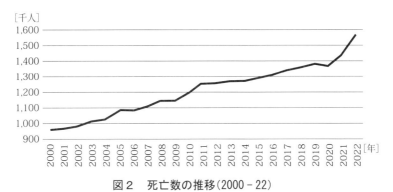

図２　死亡数の推移（2000 - 22）

（出所）人口動態統計

　2020年は日本にコロナが襲来したコロナ元年である。1 月には中国人旅行
者や中国からの帰国者によってコロナが国内に持ち込まれ、やがて各地に感
染が拡大し、第一・二波の感染爆発が起こり、多数の犠牲者が報告された。
長期間に及ぶ全国一斉の学校閉鎖や不要不急の外出抑制などによる経済的困
窮により国民はすっかりコロナ鬱状態に陥り、2012年の第二次安倍内閣時代
から一貫して低下してきた自殺者数がここにきて上昇に転じ、特に女性や子
供たちの自殺が顕在化し、さらに高齢者による経済的困窮者の死亡増が危惧
された。これに高齢化に伴う必然的死亡増の約 3 万人を加えると、この年の
死亡数は前年よりも 4 万人ほども増えてもおかしくはなかった。ところが、
いざ蓋を開けてみるとなんと前年を 8 千人以上も下回ってしまったのだ。驚

いたことにコロナの出現は日本人の命を奪うどころか、逆に5万人ほどもの命を救うという結果をもたらしたのである。これが3年半に及んで国中を緊急非常事態宣言化において大騒ぎした恐怖のコロナの正体である。コロナ襲来1年目にして日本でもコロナは大騒ぎするような感染症ではないことが歴然としていたにも関わらず、いたずらに恐怖を煽りたてて国家破綻の危機をもたらしてきた専門家の罪は百叩きぐらいでは済まない。これによりどれほどの人が人生を狂わされたことか。

　この年の死亡数の低下がいかに前代未聞の現象であったかその時の平均余命をみれば分かる。この年には日本人の平均余命は異常な伸びを示し、男性はこの1年間に余命を0.23歳、女性は0.29歳と例年の2倍ほども伸ばし、男女の平均余命はそれぞれ81.64歳、87.74歳とこれまでの最長寿を記録した。報告されてきたコロナ死の人数については後で検証するが、この段階でコロナは日本人の死亡数に影響を及ぼすようなものではないことを示している。コロナ元年に限って死亡数が増加ではなく逆に予定死亡数を5万人ほども下回った出来事は、コロナ騒動の中で偶然もたらされた現象であるが、これはコロナとは別の看過できない重大な課題を私たちに突き付けているのである。

日本の医療に疑問符

　ここでコロナ以上に重大な問題が浮上してきた。私たちは過去の出来事をすぐに忘れてしまうが、これでは永遠に過去の体験を教訓にすることなどとてもできそうにない。今思い返すと、あの年は誰もが行動自粛を求められた上に、あまりにもコロナ恐怖が喧伝されたために国民はすっかり怯えてしまい、持病のある多くの人々がこれまで定期的に行っていた通院を控えたのである。当然不要不急の健康診断やがん検診などは一切取り止めになり、緊急以外の手術は控えられ、持病のある患者に毎回実施される血液検査などの諸検査もなく、診察は形ばかりの電話によるやり取りで済まされ、処方薬は薬局から宅配された。要するにこの年は通常の医療活動が半ば中断された年であるにも関わらず、年間死亡数が予定死亡数よりも5万人ほども下回ったのであり、しかも不思議なことに多くの疾病で死亡率が低下している中で、老

衰だけが１万人ほども増えている。迂闊なことは言えないが、この年の異常
な死亡数の減少は無作為比較試験（ランダマイズテスト）による有効性を確認
しないままに実施されてきた日本独特の薬漬け・検査漬け医療に対して重大
な警告を発しているのである。ちなみに、この年の死亡数の異常な減少を不
要不急の外出を控えたことや、マスクの着用やアルコールによる手の消毒な
どの日本人の清潔好きと関係づけて考える人もいるが、どれほど体を清めて
もがんや心疾患、脳疾患から死を免れることはできない。また、マスクや手
の消毒は品不足で混乱に陥ったコロナ元年よりも２年目以降になってからよ
り一層徹底されたが、異常な死亡数低下は2020年にのみ起こったのである。

　この年はコロナ感染を恐れて一般の病院や医院が通院を半ば制限したこと
もあり、医療現場に閑古鳥が鳴いて経済的に困窮したために給付金の支給を
求めたほどであり、実際にその後それが原因で倒産した総合病院も現れた。
そのためか、この年の終盤にはオンライン診療も止めてしまい、人々が健康
診断などを控えたためにがんなどで多くの犠牲者が出ると無垢な国民に脅し
をかけたほどである。あれほどまでにコロナ感染を恐れていた医療関係者の
この豹変ぶりは、この段階でコロナはさして恐れるに足らない感染症である
ことを認識していた証であろう。いずれにしても欧米だけでなく日本におい
ても、コロナ元年段階の2020年でコロナは緊急非常事態宣言を発して警戒す
るほどの疫病ではないことが歴然としており、この時点でコロナの２類感染
症の指定は解消するべきであった。それにも関わらず、専門家やメディアは
その後も長くコロナ恐怖を執拗に国民に煽り続けたのである。

3　コロナワクチン元年に突如始まった謎の大量死

異変

　それはコロナ元年の異常な死亡低下の反動のように、突如始まった。その
翌年の2021年から日本人の年間死亡数が急増に転じたのである。この年は半
ば中断していた医療活動が復活し、何よりもコロナから命を守るはずのコロ
ナワクチンが導入された年である。再度図２に目を通していただくとその異
様さに気づかれるであろう。2021年には６万人以上もの死亡増が起こった
が、これが死亡数を著しく低下させた前年の2020年の反動だけでないことは

翌年の2022年の記録的な13万人の死亡増加数をみれば明らかである。多くの犠牲者を出したあの東日本大震災の年ですら5万6千人ほどの増加数であり、先の両年ともこの数を上回っている。2020年には137万人であった日本人の年間死亡数が、2021年には初の140万人越えの143万人になり、2022年にはさらに156万人を記録し、この2年間だけで年間死亡数を約20万人も増やし、人口当たりの死亡率を16％も引き上げてしまった。1923年の10万人もの犠牲者を出した関東大震災の年ですら2022年の増加数には及ばない。みなさんもこの年の死亡増がいかに異常なものであるかお分かりいただけたと思う。

　ところで、尾身会長以下専門家やメディアは口をそろえてこの異常な死亡増の原因をコロナに転嫁している。しかし、これは国民に対する許しがたい背信行為であり、全国民が苦難を強いられ国の経済を著しく衰退させたあの悪夢の3年半を思い出す時、この発言こそ糾弾すべき犯罪行為に等しい。なぜなら、2022年の年間死亡数156万人のうちコロナ死は3万人にすぎないのだ。しかも、後述するようにこのコロナ死の数自体が虚構である上に、仮にこれを認めたとしても差し引き10万人もの死亡増をコロナで説明することはできないからである。

実証された異常な大量死

　これまで年間の死亡数から異常な死亡増を論じてきたが、実はより正確にリスクを評価するには年齢構成をある基準の年に統一させた死亡率（年齢調整死亡率）でみる必要がある。たとえば日本人のがんによる年間死亡数は1960年の約10万人から2000年には30万人といかにもがんの脅威が3倍も高まったかにみえるが、年齢調整死亡率ではほとんど変化はない。このように日本人のがんの増加は高齢化によってもたらされた見かけ上の現象にすぎず、がんの脅威は今も昔もあまり変わりがないことが分かる。

　最近の年齢調整死亡率を求めるには、基準となる2015年の各年齢階級別人口にその年の各年齢階級別の死亡率を乗じたものを合算し人口千人当たりで表せばよい。すなわち年齢調整死亡率はその年の年齢階級別死亡率がカギとなる。たとえば乳児死亡率は生まれた乳児千人当たり1年以内に亡くなった

数で表される。かつて乳児死亡率は250という４人に１人が生後１年以内に亡くなるほどの高い値を示したが、その後急速に改善し今では1.7（2021年現在）にまで低下させてきた。各年齢階級の死亡率も戦後急速に改善して死亡率を一貫して下げてきた結果、日本は世界有数の長寿国になったのである。このように年齢階級別死亡率はよほどのことが起こらない限り下がることはあっても上がることはない。図３には2014年から2022年までの年齢調整死亡率の推移を示した。

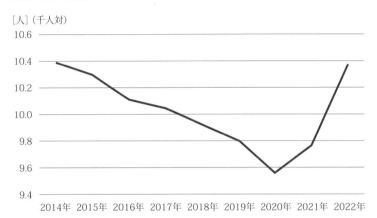

[人]（千人対）

図３　年齢調整死亡率の推移（2014 – 22）
（出所）「人口動態統計」より

　2020年まで一貫して死亡率を漸減させてきたが、2021・22年に一転して急増している。2020年には9.55であった死亡率が2022年には10.37にまで増加しており、これは高齢化とはまったく関係なくこの2年間に本来低下するはずの年齢調整死亡率を8.6％も上昇させるほどの前代未聞のリスク因子が日本人を襲ったことになる。

　この異変はこの年の平均余命にも現れ、2020年に最長寿記録を樹立したもののこの２年間で大きく寿命を低下させ、2022年だけで平均余命を男性は0.42歳、女性は0.49歳縮め、最長寿を記録した2020年の男性81.64歳、女性87.74歳から、それぞれ81.05歳、87.09歳と男女とも平均寿命を大きく低下させた。この下げ幅は過去最高であり、平均余命を2020年の水準まで戻すのにこれからさらに何年もかかるであろう。各メディアはこれを一様にコロナの

感染による高齢者の死亡に結び付けて報じたが、先にも述べたようにこれは国民を冒とくした情報操作の最たるものである。

　各年齢階級についてリスクの大きさを2020年の死亡率に対する2022年の増減率（％）で比較すると、30代までは死亡率の上昇は認められないが50〜60代で1.73〜3.02％、70〜100歳以上で5.51〜22.8％と高齢者の死亡増加率が高くなっているが、これはコロナとは関係がない。高齢者に強い影響が現れたとはいえ、この異常な死亡率の増加は50代でも起こっており、何か得体の知れないリスク因子が日本人全体を襲ったことを示唆する。

少子化と人口減を加速させたコロナ対策

　今世紀に入ってからの先ほどの日本人死亡数の年次推移と年次出生数の推移を同時に示したものが図4である。

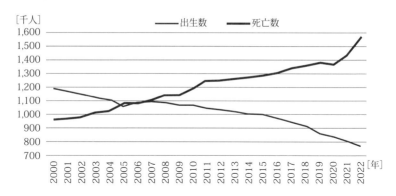

図4　死亡数と出生率の推移（2000‒22）

（出所）人口動態統計

　各年次の出生数から死亡数を差し引いたものがその年の人口の増減量を示すことになる。2005年までは出生数が死亡数を上回っておりこの年まで人口が増え続けてきたことが分かる。ところが2006年には両者が拮抗し、その翌年から死亡数が出生数を上回り人口減が始まった。人口減は年々雪だるま式に増え続け、2022年にはついに死亡数が出生数77万人の2倍に達し、その年の人口減は78万人を数えた。この死亡増はコロナによってもたらされたものではないことを後で解説するが、出生数の異常な減少は妊婦の夢を打ち砕く

だけでなく、そうでなくても不安な妊婦を恐怖のどん底に落とす感染症専門機関の強引な出産システムにある。

　この国の2大危機は膨大な累積赤字と出生率低下による人口減である。2類感染症指定はこの両方に拍車を掛けてしまった。

4　人々の目を曇らせるふたつの壁

[第一の壁]
WHOへの疑念

　前節ではほぼ揺るぎない基礎データの人口動態統計を用いてコロナ禍で起こった異常な人口変動を解析したが、これからコロナ情報について解析するにあたりどうしても克服しなければならないふたつの壁がある。そのひとつはコロナ情報そのものを統括するWHO（世界保健機構）の存在である。私たちは子供の時から社会の授業でWHOが所属する国連は世界平和を求める平等で清廉潔白な国際連合組織と習ってきたが、実態は第二次世界大戦の戦勝国5ヵ国が半永久的に実権を握り、戦後78年も経った今も日本は敵対国扱いである。コロナ問題では同事務総長のグテーレス氏と中国との蜜月関係が取り沙汰され、中国から膨大な資金援助を受けているエチオピア出身の同氏は中国のコロナ発生原因隠しに協力したことが指摘されている。このように国連の内部は各国のエゴ丸出しの熾烈な国際競争の場であり、WHOから発せられるコロナ情報も少し色眼鏡をかけて見なければならないようだ。

マッチポンプを演じるWHO

　コロナによる死亡者（以下コロナ死）の数の把握はコロナの被害を解析する上で最も重要な情報であるが、これは何を根拠に求められた数字かご存じだろうか。WHOはコロナ陽性者の死をすべてコロナ死として届けることを通達しており、日本でも亡くなった人の過去を調べて陽性であった人はすべてコロナ死として報告してきたという。その理由として感染拡大状況を迅速に把握するためとしている。しかし、これでは次のふたつの疑問が残る。そのひとつは、報告されたコロナ死には真のコロナ死以外にその他多くの死因が含まれているからである。たとえばコロナ死のほとんどは持病のある高齢

者であるが、高齢者の死亡率は元々高く、山梨県ではコロナによる重症で入院する人は一人もいないにも関わらずなぜ次々とコロナ死が出るのかということが話題になっているという。はたして報告されているコロナ死は本当にコロナによるものか、あるいは年相応の結果かという問題である。

　ふたつ目は、感染拡大の把握はコロナ死からでは不可能であり、陽性者数を報告させるだけで充分である。ここで新たに、何のために他の死因が含まれている大きく水増しさせた死亡数を報告させる必要があるのかという疑問が浮上する。

疑　惑

　私はこれまでのささやかな体験から、WHOの感染症部門は感染症に便乗してマッチポンプを演じて漁夫の利を得ることに目的があるのではないかという疑念を払拭できないでいる。記憶に新しいものに2009年に世界中を騒がせた新型インフルエンザウイルスがある。WHOは世界中を混乱の渦に巻き込んだ挙句、やがてそれが沈静化してだれも関心を寄せなくなった頃になってからあれは新型ではなく単なる一般のインフルエンザウイルスだったと訂正したが、あの騒動の背景には間違いなく抗ウイルス薬のタミフルがあったと考えている。

WHOとグローバル医薬メーカとの癒着？

　全国の学校閉鎖や修学旅行の禁止など国中を混乱の渦に巻き込んだ偽りの新型インフルエンザ騒動が沈静化してしばらく経ってからあの騒動を検証する講演会がある産業界の主催で開催された。この時演者として招かれた当時新型インフルエンザウイルス対策の分科会会長であった尾身茂氏はグローバル医薬メーカとWHOとの癒着関係をどのようにお考えかという趣旨のある記者の質問に対して、最新の情報を得るためにも医薬品メーカとのコラボは大切だと答えている。この記者の質問の背景には、尾身氏がWHO西太平洋地域事務局感染症対策部部長の経歴があることが関係している。同氏が管轄していたインドネシアは「鳥インフルエンザがヒト型に変異してパンデミックが起こる」という新説の発祥の地であり、WHOの研究班が深くそれに関

与していた。

　この記者がいうグローバル医薬品メーカとはタミフルを開発した米国のギリアド・サイエンシズ社と思われるが、この会社の事実上のオーナはあのイラク戦争を先導した米国国防長官のラムズフェルド氏であり、鳥インフルエンザ騒動を受けて当時の小泉首相は地方自治体に住民の25％ほどの備蓄を命じる法を制定した。そのため、自治体は有効期限が切れる度に古いものを廃棄して新しいものを補充し続けなければならなくなった。タミフルは先の偽りの新型インフルエンザにもほとんど有効ではなく、この度のコロナにはとても危なくて使えない。話がそれるが、1918年に世界中に蔓延し５千万人ともいう大量の犠牲者を出したスペイン風邪による犠牲者の大部分（90％）はこの時代すでに市販薬として大量に出回っていた解熱剤のアスピリンによることが当時の米国の医師団による大規模な疫学調査で明らかにされている。また、幼い子供を襲うインフルエンザ脳症の原因はほぼ100％アスピリンが原因であり、今では子供達には使用が禁じられている。このような突拍子もない話を聞くと私たちはすぐに陰謀説として切り捨ててしまうが、ネットで検索すればすべて真実であることがお分かりいただけるだろう。日本では医薬メーカや医療機関に不都合な情報はメディアもほとんど取り上げず国民の目から隠されてしまうから、自発的に調べなければ真実は分からない。このような危険なタミフルの備蓄を今も各国に推奨するWHOに真剣に抗議している日本の医師団がいることも知っておかれた方がよいだろう[6]。

　話をタミフルに戻す。このようなタミフルの備蓄を命じられている地方自治体は困り果てているはずである。タミフル備蓄の法制化に先立って先進各国は国民の45％分のタミフルを備蓄しているという触れ込みであったが、後になって国際市場の75％を日本が購入していたことが分かった。ちなみに、タミフル備蓄を法制化した当時の小泉氏はタミフル製造メーカのロシュ社の子会社であり、タミフル輸入を一手に担っている中外製薬から多額の献金を受けていたことが指摘されている。そういえばインドネシアは西太平洋の感染症対策部長の先の尾身部長の管轄であり、あの鳥インフルエンザ騒動も、また新型インフルエンザ騒動も火付けはWHOの研究班であった。WHOの日本人研究員の某女史はテレビの特集番組で鳥インフルエンザが2011年を待

つまでもなく明日にもヒト型に変異してパンデミックが起こると断言し、厚労省は160万人？もの死者が出るという推計値まで発表し、マスコミはこぞって特集記事と特別番組をつくり、NHK に至っては新年も明けきらないうちに二夜連続で死者があふれかえる病院を舞台にしたドラマと翌日にはインドネシアで大変なことが起こっているという WHO の研究班の活動を盛り込んだ実況放送を行った。あれから１５年が過ぎ去ったが未だにそのような兆候はない。あの当時のインドネシアでも何の騒ぎにもなっていなかったという。騒いでいるのはＷＨＯに煽られた日本だけであった。実は鳥インフルエンザ騒動のターゲットは日本だったのだ。

［第二の壁］
日本人の思考

　この３年半の間、連日のようにコロナ死の数が公表され、私たち国民はいやがうえにもコロナの恐怖を植え付けられてきた。後述する NHK の日曜討論に出演したある関係者が、感染症指定の見直しにより連日報道されていたコロナ死の公表が止んだ途端に人々のコロナ不安が一気に和らいだかの発言があったが、これは公表されるコロナ死が人々を恐怖させるに十二分の効果を発揮したことと、多くの人がその数値を揺るぎない事実と受け止めている証でもある。しかし、これを素直に信じ込んでいる民族は世界広しと言えども残念ながらお人よしの日本人ぐらいであろう。

　これから本稿のメインテーマである公表されてきたコロナ死の実態を解明する前に、避けては通れないもうひとつの難問がある。それは、日本人の不可解な思考である。どれほど懇切丁寧に科学的根拠に基づいて説明しても、「百人が言えばウソも真実としてまかり通る」という世界が形成されてしまうことである。私は長年、人間社会に流布されている情報を見定めその影響を考える社会情報学という分野の研究を行い、その成果を公表してきたが、その都度人々の頑なな思考に悩まされてきた。当初、それを論理的思考能力の問題と考えていたが、そうではなかった。それは知識の有無とは関係なく、むしろエリート層ほどそれがひどかったように思う。一旦思い込んだらてこでも動かぬ頑なな思考がこの国だけが一人取り残されている元凶になってい

るのである。私も同類であるが、日本の多くの学者は欧米の新しい知見に遭遇した時あたかも自分自身が発見したかのようにそれに固執する傾向がある。しかし、それは模倣に過ぎず、しかもその時には海外の彼らはそのかなり先を進んでいるのだ。日本人の頑なさを示す例を幾つか紹介しよう。

　25年ほど前のことになるが、メディア各社がこぞって連日のように最強の発がん物質で最悪の猛毒のダイオキシンにより多くの日本人の命が奪われているというデマ情報を盛んに喧伝したために国中がパニックに陥ったことがある。私は当時、それらのデマ情報のからくりを解き明かしてそれを公開したが、解説そのものは理解しても、それが人々のダイオキシン恐怖の払拭に結びつかなかった。それが彼らの思考能力にあるのではないことは次の日本人の肺がん問題ででも明らかである。

　戦後間もなくして米国の「タバコレポート」の報告を受けて国会の大蔵省予算委員会で日本人の肺がんの原因について各専門機関の代表者を参考人に招いて大掛かりな審議が行われたことがある。詳細は割愛するが、この時に日本人の肺がんは欧米人のタバコが関係する男性型のがんと異なり、体質が関与する女性型のがんであるという前代未聞の結論になってしまった。以来これが日本医学界の正式な見解となり、医師は元より多くの一流の学者やジャーナリストがこれを信じてタバコの安全性を盛んに喧伝したためにやがてこの国は世界一の肺がん大国になり、肺がんが日本人のがん死のトップになってからはや30年近くにもなる。肺がん体質説の誤りを指摘した私の本を読まれたある病院長からこれまででどうしてもこの誤った説を克服できなかったことが恥ずかしいというお手紙をいただいたことがあるが、何がこれほどまでに日本人の頭を頑なにさせるのか。くどいことを承知で繰り返すと、先進国の中で突出する日本の肝臓がんの原因のほとんどすべては肝炎ウイルス（日本人の場合Ｂ型とＣ型）であるが、大多数の人々はアルコールが主因と信じ込んでいる。これほど徹底した言論統一は、日本人に肝炎ウイルスを感染させた主原因が過去に行われた予防接種などの医療行為によるものであることを隠ぺいしてきた日本医学界の戦略の賜である。人々に肝がんの原因がウイルスによることをどれほど丁寧に説明し、それが理解されたとしても、しばらく間をおいて再び同じことを尋ねると、やはり肝がんの主原因はアル

コールと答える。これがこだわりの強い私たち日本人の姿である。

　こだわりの強い日本民族の長所は伝統を重んじ、いかなる苦労にも耐えて互いに助け合い、勤勉で規則正しい世界に誇れる民族性となって現れているが、その一方で一旦決めたシステムはどれほど陳腐化しても半永久的に改善せず、疑うことを卑しむこれまでの教育が日本人の自立を阻んできたように思う。

善意の暴走？

　今、仮にここで公開されてきたコロナ死の数は著しく正確性を欠いているという結果になったとして、その説明が理解できたとしても、やはり読者の多くは頭から報告されているコロナ死の数が離れることはなく、ややもするとこのような主張をする私に嫌悪感を示し、許しがたい人物とみる人も少なからずおられるはずである。そのような例をひとつ紹介する。国中がダイオキシン恐怖情報でパニック状態になっている時代にその情報の誤りを指摘した私に対して幾つもの団体や個人から抗議が続いたことがある。中には直ちに書店から本を回収して謝罪せよ、さもなくば全国の環境NGOを動員して林を糾弾するという脅迫まがいの質問状が何度か送り付けられ、それはネット上にも公開された。さらに、あろうことか奉職先の大学の理事長・学長にまで社会悪の林ゼミを解体させ、さらに書店からの本の回収と謝罪をさせよ、さもなければ貴学の名誉は失われるであろうと抗議文を送りつけ私を社会的に抹殺しようとしたことがある。この時は予定していた新学部開設へのあからさまな妨害もあり対応に苦慮したものである。当時は1億国民が騙されていた時代であり、ほとんどの裁判官に学者、政治家、弁護士などもその例外ではなく、私に抗議してきた人々の大多数は真剣に考えた上での行動であったと思う。その後私の主張はメディアでも大きく取り上げられ、またダイオキシン問題に取り組んできた超党派議員連盟の招きにより衆議院会館で講演したこともあって、私の主張の正しさは関係者ならば知らない人はいないと思うが、一旦恐怖を洗脳された大多数の人々は未だにそれを受け入れずにいる。そのような方々にぜひお勧めしたいのがダイオキシン法（正式名：ダイオキシン類対策特別措置法）の手引書の『ダイオキシン法』（化学物質対策法

制会編、大蔵省印刷局、2000）である。それまで日本人のがん死の50％は中小の焼却炉から出るダイオキシンが原因、これにより大量の乳児が殺され、母親が摂ったダイオキシンによる胎内暴露で先天性アトピー児が全国で大量に生まれていると盛んに国民を脅かしてきたにもかかわらず、この本の前書き部分には「環境中に放出されているダイオキシンにより巷で言われているような健康被害は何も発生していないが、国民の恐怖感が極度に高まっていることを鑑みて事前の予防的観点から法制化した」と法制化した責任を国民に転嫁している。さらに、「環境基本法では最新の科学的知見に沿って毎年見直さなければならないが、半永久的に見直しの必要がない議員立法による特別措置法とした」と記述している。さらに驚いたことにこの法制化の背景には「衆参のねじれ国会の解消があり、この法制化を手土産に自民公明党の連合政権の成立」があったことまであからさまに記述している。一旦法制化してしまえば本当のことがバレてもこちらのものと言わんばかりであり、ダイオキシン対策に真剣に取り組んできた野党議員の方々は見事に利用されたのである。せめてこの本の序文だけでもお読みいただければ聡明なみなさんならばすべてお分かりいただけるはずだ。

　この問題がこれほど大きくなった背景には焼却炉から発生するダイオキシンに目をつけた国家ぐるみの組織が背景にあり、国税をごく一部の組織に半永久的に湯水のように注ぎ込ませる法律を制定させるには国民的合意が必要であり、そのために幼い子供たちを人質にとった偽りの恐怖情報が作り出されたのである。この世界に類例のない法律によって地方自治体の財政は破綻し、関連業界は大きなダメージを受け、日本経済が世界から取り残される重大な要因のひとつになっている。ちなみに、ダイオキシンは火山など火のある所では必ず発生している地球誕生時から存在する自然物でもある。毎日新聞は私と共著者の渡辺正氏との共著の書評欄に異例の5段抜きで紹介し、日本で発生したこのダイオキシン事件は旧石器偽造事件と並んで本邦初の本格的な科学スキャンダル事件と科学誌に記録されるであろうと結んでいる。このような利権を目的として人々に恐怖を与える事件は今世紀に入ってからも幾つも発生しており、この度のコロナ騒動もその一つである。日本を徹底的に衰退させたこの未知のウイルスを悪魔に仕立てた医学スキャンダル事件に

どう決着をつけるか、それは民意にかかっているのだが。

日本人に欠けている批判思考

　それにしても私たちはどうしてこれほど単純な仕掛けに騙されてしまうのか。一旦洗脳された頭を切り替えることができないのである。私たちの思考のどこに問題があるのか。答えは簡単である。これまでの日本は模倣中心の教育であり、最も忠実に模倣してきたのが日本のエリートである。一旦決めたことや習ったことを絶対の真理とする日本の模倣教育からはその誤りに気付くこともなければ、新たな発見も生まれにくい。

　欧米の教育は疑問に思う「批判思考（クリティカル・シンキング）」を教育の柱としており、幼いころからこの能力の育成に努めていると聞く。最初から頭ごなしに鵜呑みにさせるのではなく（なぜ）という疑問をもつことから始めるのである。模倣教育からは探究心は芽生えず、想像力の育成において疑問教育と大きな格差が出るはずであり、事実その通りの結果になっている。2008年頃になって文科省の中等教育審議会から初めて「批判思考能力の育成」が答申された。しかし、模倣教育にどっぷり漬かってきた私たち日本の教育者にその意義も理解できなければ、ましてやそれを教えることなどとてもできそうにない。

　話をコロナ死に戻す。長くなってしまったが、ここで言いたいことはコロナ死を解析する前に、その値は本当かという疑問をもってから始めていただきたいということである。検証するということはそれが真実であるか否かという疑問から発する行為であり、初めからそれを肯定する先入観があったのでは検証にならない。また、たとえその先入観が否定されたとしても、実は私がそうだが人は容易には頭を切り替えることはできず、都合の良い情報だけ集めて自己弁護に努め、うっかりすると記憶している数値まで無意識のうちに頭の中で擦り替わっている場合すらある。

5　高齢者の高いコロナ死は大ウソ

コロナ情報の虚構

　前置きが長くなりすぎたが、コロナ死について解析する前に、これまで報

告されてきたコロナ情報そのものの内容とそれらの信頼性を確認しておく必要がある。まず初めに報告されているコロナ死の数の信頼性であるが、先にも述べたように WHO は陽性者であった人の死はたとえがんや心疾患、あるいは交通事故が死因であってもすべてコロナ死として届けることを各国に通達しているという。そのため、日本ではご丁寧に死者の過去を調べて陽性であった人の死はすべてコロナとして届けたと聞く。要するに、報告されているコロナ死には真のコロナ死以外に様々な死因が含まれているということになる。この段階で、報告されているコロナ死は実態とはかけ離れた数値であることを認識しておく必要がある。

　次に陽性者の死亡率であるが、陽性者は1年間を通して出現することや、長期間の後遺症、さらに過去の陽性者記録に遡って死因が届けられてきたことから、その年に報告された陽性者の死亡数から算出される陽性者死亡率は限りなく陽性者の年間の死亡率に近くなるはずである。

　最後に、陽性者の死に及ぼすコロナの影響度であるが、報告されているコロナ死の中から真のコロナ死を割り出すことは誰にもできないが、陽性者の死亡率を陽性者の年間死亡率と考えると、それが全国の年間死亡率を上回ればその分だけが真のコロナ死ということになる。全国の死亡率よりも陽性者の死亡率が下回ればコロナは陽性者の死亡に影響を及ぼしていないことを示す。たとえコロナに感染していなくても、人は誰でも全国の死亡率の確率で亡くなる運命にあるからである。これはコロナ死を評価する上で重要なポイントになるから記憶に留めておいていただきたい。

陽性者数の実態

　報告されているコロナ死はコロナ以外の死因を含んだ大きく水増しさせた数値であるが、一方、陽性者数は逆に実態よりもかなり少ない数値であることは皆さんも承知されていることだろう。早くから合理的な PCR 検査体制を整備した隣国に比べて比較にならないほど貧弱な日本は37度以上の高熱が4日ほども続いた後でなければ発熱外来に電話もできず、陽性か否かも分からないまま多くの人が放置された。それほどの状態であったから、症状もない人が自発的に検査を受けることはほとんどなく、私も体調が思わしくない

時に市のPCR検査指定医院に何度電話しても一向に通じず、ついに検査を
あきらめたことがある。コロナの集団感染が起こった時に日本の検査体制の
不備が度々指摘されたが、尾身会長は検査体制の拡充に積極的どころか、む
しろその必要性を認めないかのような発言をされていたと記憶している。陽
性者数はコロナ死亡率を算出する際の母数であり、この値が小さければ小さ
いほど見かけ上の死亡率は高くなり、コロナの恐怖を煽ることに役立つの
だ。コロナ死は水増しさせ、膨大な数の陽性者は見逃し、その結果出てきた
コロナ死亡率はかなり水膨れさせた数字であることを念頭において、コロナ
の影響をみることにしよう。

陽性者の死亡率は日本人年間死亡率の10分の1

　何でもそうであるが、情報を解析する時は目につく個々の事例から始める
のではなく、まず全体の動向から進めなければならない。みなさんは現在年
間にどれだけの日本人が亡くなっているかご存じだろうか。毎年全人口の約
1.29％（2022年現在）の人が亡くなっている。それに対して陽性者の死亡率は
0.18％（2022年）である。この結果の意味するところをじっくりお考えいた
だきたい。この結果はコロナ死亡率が国全体の死亡率を上回るどころか、そ
れの10分の1にすぎず、コロナは日本人の死因に何ら関与していないことを
示している。この結果は公開されてきた恐怖情報が虚構であるばかりか、驚
いたことに陽性者が長生きしていることを示唆している。たとえば、2021年
の10歳未満の子供についてみると、この年の陽性者は80,654人であるが、コ
ロナによる死亡者は一人も報告されていない。これは、10歳未満の子供たち
にとってコロナはまったく脅威ではないことを示す。さらに、同年の5歳未
満の乳幼児の全国死亡率0.043％をこの8万余の陽性者数に当てはめると、
この中から少なくとも35人の死者が出てもおかしくはない。この衝撃的な統
計データはコロナが乳幼児にはなんら脅威にはならないが、偶然陽性になっ
たおかげで手厚い保護下に置かれて35人が命拾いしたことを示しているかの
ようである。

　しかし、どこまでも報告されているコロナ死を信じている人の中には、全
国のコロナ死亡率が低い理由は重症化しない若い陽性者が多数を占めている

からだと主張される方もおられるだろう。そこで、年齢階級別に全国の死亡率とコロナ死亡率を比較する。次の表に2022年の全国階級別の人数、死亡数、死亡率と、信頼度を上げるために2020〜2022年の３年間のコロナ陽性者数、陽性者の死亡数と死亡率を示した。なお、厚労省によるコロナ集計は年齢階級を５歳ではなく10歳刻みで報告していることから全国年齢階級別データもそれに合わせて集計し直したものを記載した。

　まず初めに、全年齢階級別の全国死亡率とコロナ死亡率を眺めていただきたい。いずれの年齢階級も全国の死亡率が陽性者の死亡率を大きく上回っており、コロナの脅威はどこにも認められない。これがコロナ死の実態である。それでは具体的に各年齢階級についてみることにする。まず、10歳未満では全国死亡率に対して陽性者の死亡率はそれぞれ0.024％、0.0009％であり、陽性者の死亡率が同世代の全国の年間死亡率の27分の１にすぎず、コロナによる死亡は事実上ゼロである。ここに報告されているコロナ死の31人はコケ脅しに過ぎず、これに目を奪われて大切なわが子にコロナワクチンは決して打ってはならない。コロナに感染して命を失うどころか、10歳未満世代

表1 日本の年齢階級別全国年間死亡率およびコロナ陽性者死亡率

年齢階級	全国年間死亡率（2022年）			コロナ陽性者死亡率（2020−22年）		
	総人数 ［千人］	死亡数 ［人］	死亡率 ［％］	陽性者数 ［千人］	死亡者数 ［人］	死亡率 ［％］
10歳未満	9,029	2,164	0.024	3,526	31	0.0009
10歳代	10,657	1,687	0.016	3,752	16	0.0004
20歳代	11,775	4,399	0.037	3,930	65	0.0017
30歳代	13,009	7,229	0.056	3,986	171	0.0043
40歳代	16,988	21,095	0.124	4,092	533	0.0130
50歳代	17,192	50,404	0.293	2,846	1,375	0.0483
60歳代	14,811	110,623	0.747	1,627	3,060	0.1881
70歳代	16,278	311,445	1.913	1,171	9,283	0.7928
80歳代	9,661	568,099	5.880	763	18,515	2.4269
90歳以上	2,631	491,225	18.671	337	12,962	3.8428
合計	122,031	1,568,369	1.285	26,030	46,011	0.177

（出所）「人口動態統計」より

では却って860人もの命が救われたことになる。もっとも、陽性だったということだけで幼い子供の遺体を危険物扱いすることの非情さと遺族の悲嘆を鑑みてほとんどの医師が正式の死因を届けたと思われるが、その温情は高齢の私たち年金受給者には及ばなかったようだ。

　0〜40代までは陽性者の死亡率は全国の各世代における死亡率の10分の1以下であり、青年層に多い自殺を差し引いてもコロナが死亡率に影響を与えている可能性は限りなく低い。

高齢者に対するコロナ脅威論は悪質なプロパガンダ

　陽性者の死亡率は高齢になってから急増することから、高齢者に対するコロナ脅威論が吹き荒れている。そのため、陽性率は高齢になるに従って低下しており、いかに高齢者がコロナを恐れているかが分かる。確かに陽性者の死亡率は50代の0.048％に対して90歳以上では3.84％と80倍も高くなっている。これだけを聞くと誰でも高齢者にとってコロナはこの上ない脅威と映るだろう。しかし生あるものは誰でもやがて滅するのであり、高齢になるほどそのリスクは高くなる。日本人の年齢階級別死亡率をみると、50代の0.29％に対して90歳以上では18.7％にもなっている。しかも、陽性者の死亡率はいずれの年齢階級も日本全体の死亡率よりもはるかに低い上に、50代に対する90歳以上の全国死亡率比率も陽性者のそれに近似している。勘の鋭い読者のみなさんならばこれだけですべてを読み解かれるのではないだろうか。すなわち、何のことはない、高齢の陽性者の高い死亡率は本来の高い死亡率によってもたらされた見かけ上の現象に過ぎないのだ。すなわち若い世代にコロナ死がほとんど見られないのは若い世代の死亡率が極端に低いためであり、高齢者にコロナ死が顕在化するのは高齢者の本来の死亡率が高いことによる見かけ上の現象であり、特に高齢者がコロナに弱いという確かなあかしはどこにも認められない。コロナは命を奪うような強毒性の感染症ではないのだ。これを無理やり強毒性のウイルスに見せかけるために高齢者の高い死亡率が利用されたにすぎず、あまりにも単純なトリックにすぎない。それが証拠にコロナによる死亡率は高齢者の本来の死亡率を決して越えることはできないのである。

1億国民を欺いた単純なトリック

　ここは重要なポイントであるからもう少し具体的に解析しよう。NHKの
ある野球解説者がコロナに感染して2か月近い集中治療室の闘病生活から生
還したことが報じられた。コロナ陽性患者の中には何か月もの闘病生活から
生還された方もあれば、その間に亡くなられた方もいたであろう。90歳を越
えると1か月に1.5％の人が亡くなっている。同世代のコロナ陽性者の死亡
率3.7％は、同世代の陽性者でない人が2.5か月間に亡くなる割合に相当す
る。そもそも陽性者の死亡率そのものが大量の陽性者の確認漏れのもとに算
出された過大評価の数値である上に、高齢者のコロナ発症後数か月間の死亡
はほぼ確実に死因はコロナとして届けられたことを考慮すると、報告された
高齢者のコロナ死のほとんどが寿命による必然死あるいは自然死ということ
になる。再度繰り返すが、それにしてもこれまで盛んに喧伝されてきた高齢
者に特異的に高いコロナ死亡率説は、もともと高齢者の高い死亡率に便乗し
たコケ脅しであることが明らかになった。要するにコロナによる高齢者の大
量死という事実はどこにもないのであり、1億国民が見事に騙されたことに
なる。

　感染症の専門家の中にはコロナの襲来を千載一隅のチャンスとばかりに小
躍りした人は少なくなかったはずである。初期には子供たちの命が危ないと
騒ぐ専門家もいたが、毒性の弱いコロナでは余命いくばくもない高齢者に目
をつける以外には騒動を引き延ばして2類感染症指定を継続させる手段はな
かったのである。コロナ患者の高い死亡率の演出と陽性者受け入れ機関の崩
壊を防ぐためにコロナ検査をことさら停滞させたのであり、そのため国民は
囲い込まれた恐怖の虜に捨て置かれたのである。2類感染症指定という緊急
非常事態宣言下で、なりふり構わない経済的狼藉三昧が繰り返され、見えな
いところで多くの犠牲者が出たことは間違いがない。私たち日本人はあから
さまに人を攻撃することを潔くとはしないものだが、この国を間違いなく衰
退させこれからの若い世代の未来を暗くするこれほどの悪事を許してはなら
ないと思う。

　ちなみに、単年ではなく3年間のコロナ死亡率で比較したことに対して異
論のある方もおられるだろうから、参考までに2022年の陽性者数とその死亡

数を注に列記する。ぜひ自分の目でコロナ死亡率を確認していただきたい。
むしろこちらの方がコロナ死亡率は低いはずだ。

注：10歳未満の陽性者数 3,538,235、死亡数 31、以下同様 10代：3,706,746、14、20代：
3,686,010、40、30代：3,878,391、92、40代：4,006,173、254、50代：2,771,940、
590、60代：1,601,666、1556、70代：1,149,682、5439、80代：749,458、12,298、90
代以上：335,767、9999

6　大量死の謎解き

① 空前の死亡増をもたらした要因

　前節で報告されてきたコロナ死は実態とは大きくかけ離れた数値であることを解説してきた。よって2022年に起こった13万人もの異常な死亡増に含まれている3万人のコロナ死はほぼ限りなくゼロに近づくことから、この13万人の死亡増はこの年に高齢者が異常な環境下に晒されたことを暗示させる。それでは2021・22年の日本人の異常な死亡増をもたらしたものは一体何だろうか。この年から導入されたワクチンも候補のひとつであるが、ここではそれ以外について考えることにする。ワクチンを除くと、少なくとも次の2点が考えられる。そのひとつは、経済的困窮者の死である。長引くコロナ自粛ですっかり日本経済は疲弊していることに加えて、円安とウクライナ戦争のトリプルパンチが経済的に困窮した高齢者の寿命を縮めた可能性は大きい。

　ふたつ目は、病院や施設に入っている高齢者の長期間の隔離である。高齢者にとって家族など近親者との接触は何よりも有効な回復薬になるが、それが一切禁じられ、やり残した気がかりなことも伝えられず、しかも目の前で家族にも看取られることもなく亡くなるや直ちに危険物でも扱うかのようにビニール袋（遺体収納袋）に入れられて火葬場に送り込まれる仲間を目の前にした時の絶望感はいかほどであろうか。死の尊厳がこれほどまで粗末に扱われる現実を目の当たりにして、高齢者のコロナ感染への恐怖は頂点に達し、これこそが2類感染症指定の継続を目論む利権亡者の目的だった。

② コロナワクチンは壮大な人体実験

　このほど（2023年10月）、二人の学者にRNAコロナワクチンを実用化した

功績でノーベル医学生理学賞が与えられることが決まった。RNA 遺伝子をワクチンに活用する画期的な試みであり、将来人類の幸福に貢献することが期待されている。しかし、この度は 1 年にも満たない開発期間で、安全性も担保されておらず、ワクチン製造メーカは将来何が起こっても保証は一切行わないという条件で販売している。すなわちこのワクチンは感染予防効果はおろか、将来それを打った人に何が飛び出すか全く分からない代物であり、世界中で壮大な人体実験が行われたことに等しい。6 ヶ月齢の乳児に打つことは論外であるばかりか、前節で解説したコロナ死の実態をみれば子供たちや若者には断じて打ってはならないことははっきりしているが、残念ながらすでに数％ほどの乳児が 3 回目接種を終えているという。

　コロナワクチンを開発した米国ファイザー社と提携したイスラエルは世界に先駆けてワクチン接種を始めたワクチン先進国であり、そのあとを追って各国がワクチンを競って求めた。ところが、このワクチン先進国は 4 回国民に打った後でこのワクチンには感染予防の効果はまったく期待できなかったとして、真っ先にワクチン政策から撤退してしまった。一方日本はこれまで感染予防と集団免疫をうたい文句にワクチン接種を国民に勧めてきたが、それが国際的に否定されるや、一転して重症化を防ぐ可能性があるとして今も盛んに国民に接種を促している。しかしそのような確かなエビデンスはどこにもないはずだ。この 9 月からも 6 ヶ月乳児以上から高齢者を対象とする第 7 回目のワクチン接種を全国一斉に始めた。これはワクチン接種の成果？を手土産に自民党の総裁候補に名乗りを挙げた河野太郎元コロナワクチン担当大臣が公約に掲げたとも受け取れる 6 か月乳児へのワクチン接種に応えているもので、2 類感染症指定がここまで引き延ばされてきた主要な要因の一つになったと考えられる。

　専門家によるワクチン接種の説明は矛盾に満ちており、当初接種を渋る若者を年寄りに感染させて殺すのかと言わんばかりに接種を強要したがその後感染予防効果が否定された今も乳児から若者までそれを推奨している。若い人々はコロナに感染しても重症化することはなく、ワクチン接種は副作用や将来の不安はあっても何の利益ももたらさないのであり、私にはこれ以上の接種は犯罪行為に映る。

コロナ感染は将来の財産？

　副作用こそあれ、少なくとも40代までは何の益ももたらさないワクチンよりもコロナの自然感染の方がよほど将来の財産になる可能性大である。2009年に世界中に蔓延した偽りの新型インフルエンザウイルスに対する70歳以上の高齢者の感染率はなぜか極端に低いことが各国で報告されている。原因は高齢者がはるか過去にすでに感染したことがあるためであった。このウイルスは1918年に猛威を振るったあのスペイン風邪のウイルスとまったく同じタイプのウイルスであり、このウイルスはその後もしばらく人間社会に住み続け、高齢者は幼いころにその洗礼を受けていたのである。実に６０年以上に及んでその免疫力を保持していたわけであり、この度のコロナ感染も子供たちにとって必ずや将来の財産になると考えている。

今もワクチン接種を続けている国は日本だけ？

　コロナワクチン接種は任意とされているが、実態は強制であり、ワクチン接種証明がなければどこにも行けないということで、どうしても地方に出かけねばならない私はしぶしぶ２回目まで接種した。当初は１・２回、２週間の間をおいて連続的に打たないとほとんど効果はないという触れ込みで、２回目接種が確約させられた。その結果国民の８割の人が接種したが、その中で130万人ほどの人が２回目接種を放棄している。私の友人の奥さんもひどい副作用に苦しみ２回目接種の放棄を余儀なくしているが、この130万人の多くは１回目接種でよほど手ひどい目にあった人々であることが推測される。ワクチン接種による副作用の被害を国に訴えた数は１万件にもなるがこのほとんどが未だに何ら検証されないままにあるという。ある医師の方々の調査によると、少なくとも2,000人ほどの犠牲者が出ているという報告がある。私にはその詳細は分からないが、かなりきわどい副作用に苦しんだ人の話を幾つも身近に聞くから、読者の多くがこのことをご存じだろう。みなさんはこれほど強い副作用のあるワクチンをこれまで体験されたことがあるだろうか。実は、RNA ワクチンは早くから考案されていたが、それが長く実用化できなかった理由は副作用の強さからであった。この度のノーベル生理医学賞はこの副作用を軽減させて実用化にこぎつけたことにより与えられた

という。しかし、この大量の副作用の出現は、それが未だ完全には克服できていないことを示す。

　米国のジョンF.ケネディ元大統領の甥のケネディ氏は次期大統領選に出馬が取り沙汰されているが、彼はコロナワクチンの危険性を訴えている。日本のメディアはワクチンを否定する変わり者として彼を紹介しているが、決して変わり者ではなさそうである。日本に滞在中の中年の米国人女性に日本のワクチン接種の現状を説明してから、意見を求めたところ、博学で冷静な彼女には珍しく溜まっていた怒りを爆発させるかのように強い口調でコロナワクチンで多数の犠牲者が出ていること、これは一部の人々の金儲けの道具に過ぎないなどの意見が飛び出した。そこで、オンラインで米国在中の米国人中年女性と高齢のオーストラリア男性に同じ質問をしたところ、米国人女性は米国ではこのワクチンを巡って支持派と反対派の真っ二つに意見が分かれて対立しているが、自分はこのワクチンについて詳細に調べたところ、安全性の証明がまったくないことが分かり、このワクチンは接種していないとのことだった。オーストラリア男性は日本を時々訪問しなければならず、入国時にワクチン接種証明が必要なため2・3回接種したという答えが返ってきた。3人とも日本のワクチン政策には直接触れなかったが、彼らの意は十二分にくみ取ることができた。やはり、未だにワクチン接種にこだわっているのは日本だけのようである。コロナ騒動もターゲットは日本だったのだ。日本人の大量死は2022年だけでなく今も続いているが、それをもたらしているものはコロナではなく、間違いなく2類感染症指定そのものである。

6　無責任国家

感染症関係者の大罪

　2020年1月に横浜港を出港したばかりの豪華客船ダイヤモンド・プリンセス号がコロナ患者を乗せて横浜港に引き返しそのまま停泊して大騒動になったことはみなさんの記憶にあると思うが、この時、国の感染症機関から派遣されていた専門家は早々に退散して自衛隊と災害時に派遣される緊急医療班に丸投げしたという。これも驚きだが、なんとコロナ培養器と化したクルーズ船内で新たな陽性者が発生する中で、検疫の拘束期間が過ぎたとして乗客

を何の条件もなく次々と市中に放った無責任な感染症機関のお役所仕事ぶりにあきれた人は少なくないはずだ。実はこの段階で2類感染症指定は完全に破綻していたのである。感染症専門機関が行ったことは失礼だが、国民に必要以上の恐怖を植え付けて利権獲得を目指したかのようだ。それは感染症専門家がこれまでに行ってきた歴史を振り返れば納得できるだろう。

　明治時代に制定されたらい予防法は戦後になってハンセン病の特効薬が入りもはや患者ではない人々をも含めて隔離し、世界各国が日本の非人道的な政策を非難する中でそれはさらに半世紀に及んで続けられた。日本がその誤りを認めて国民に謝罪したのはこの法律ができてからほぼ90年後の1996年である。これほど長くこの悪法が続いた背景にはハンセン病専門家の利権があり、これを支えたのが国民に植え付けたハンセン病に対する恐怖心と差別意識である。

　エイズというと性感染症だけが喧伝されているが、これは感染症機関のプロパガンダによるものである。1990年代まで日本人のエイズ感染者のほとんどはウイルスが混入した血液製剤によって感染させられた血友病患者である。エイズという未知の感染症が出現した1980年代早々に米国から血液製剤の危険性が指摘され、安全性の高い加熱製剤に切り替えることが勧告されたが、日本だけがこれを黙殺してしまった。血友病患者の代表者による度重なる血液製剤改善要求の旧厚労省への嘆願も無視して、さらに2年半もの間危険な非加熱製剤を使い続けたために血友病患者のほぼ半数に近い2,000人にエイズウイルスを感染させてしまった。このような国は日本だけであり、頑ななお役所仕事が悲劇をもたらした。旧厚生省は感染者の存在を2年間に及んで国民の目から隠し続けたが、感染者の中から亡くなる患者が続出し、初めて事の重大性に気づいた感染症関係者はこれをもたらした自分たちの失態を隠ぺいする画策を進めた。それはエイズに感染した血友病患者を強制隔離して口封じをするためのエイズ予防法の制定であった。そのため、特定のエイズ患者をスケープゴートにしてその個人情報をメディアにリークして各地でエイズ騒動を勃発させ、国民にエイズの過度な恐怖心と感染者に対する差別意識を植え付けることであった。これほどの悪事があるだろうか。この薬害事件では子供から大人まで何百人もの血友病患者の方々が亡くなられた。

このあからさまな殺人事件では感染症ではない遺伝病の血友病が専門のある大学教授が旧厚生省のエイズ問題対策委員会の座長に祭り上げられて彼一人が悪玉としてスケープゴートにされ、真の悪玉は誰一人として罪に問われなかった。

誰のための医療か

　最後に隔離好きの感染症関係機関の話をしよう。日本は無らい県運動と称して徹底的なハンセン病患者狩りをしたことがあるが、今もこれと似たことが行われている。かつては長い間学校で子供たちにレントゲンによる胸部照射が行われていたが、それは大学では今も続けられている。しかし、WHOはリスクのあるレントゲン検査はよほど集団感染の事実でもない限り集団検診で行ってはならないという通達を早くに出していた。結核は免疫力が劣った高齢者や病人、あるいはよほど栄養失調でもない限り感染することもなく、万一感染しても重症化することはなく、今や感染拡大を起こすような病ではない。そのため米国では感染者に２週間の療養所での保養か、自宅静養のいずれかを自由に選ばせ、自宅保養者にはその間に衛生担当者が毎日一度薬と食料を届けることになっているという。食料を届ける理由は栄養失調の貧しい彼らには薬以上に食料が有効であるからである。それに対して、日本では感染者は犯罪者扱いであり、関係医療機関で６か月以上の強制隔離入院である。かつて同じ研究室の同僚が結核に感染したことがあり、彼は直ちに強制隔離された。この時、一言の断りもなく衛生士が研究室に入り込んであたりかまわず消毒液を撒き散らして退散したのには驚いた。この両国を比較するだけで誰のために医療を行っているか分かるだろう。

　話をコロナに戻すが、コロナ問題専門分科会は、あれほどコロナの恐怖を訴えていたにも関わらず、２類感染症指定が取り消されるや何一つ検証することもなく蜘蛛の子を散らすように解散してしまった。

こんなことで済ますのかコロナ問題の幕引き

　NHK・総合テレビの日曜討論会「２類感染症指定後のコロナにどう向き合うか（2023年７月16日）」に先の尾身茂元会長他、介護福祉部門の高口光子氏、

経済部門から中空麻奈氏、他に医療部門と地方自治体から各1名の計5名による対談が行われた。以下に印象に残った部分の概要と個人的感想を記す。介護福祉を代表する高口氏は2類感染症の見直しが遅きに失したことや連日報道されるコロナ死の報道が不安を増幅させたことを暗に批判するとともに、唯一の生きがいである家族との面談が絶たれて打ちひしがれる高齢者を励まし、医師も避けるほどの現場で命がけで彼らを介護してきた介護師や自宅訪問ヘルパーの方々を讃えた。日本が欧米と異なり高齢者施設で集団パニックが起こらなかったのは給付金など何の援助や保証もなく、医師も見放すほどの緊迫した危機的状況下で高齢者を介護されてきたこれらの方々の賜であり、コロナ禍で最大の功労者である。経済部門代表の中空氏からは、2021年には国の門戸を開いて経済活動を復活させてきた各国がいつまでも鎖国を続ける日本をいぶかしんでいることや、長い2類感染症指定により経済チャンスを何度も逃したことの恨みが吐露された。これに対して、尾身氏は、日本には情報を的確に得るシステムがないことや、同氏が会長を務める分科会のメンバーが感染症関係者に偏らず広い分野から入れるべきであったという趣旨の発言があったが、いずれも天に唾を吐くように聞こえた。さらに同氏はイギリスでは前半に80％が感染したが、感染予防に努めた日本はまだ40％ほどにすぎないと遅れをとったかのように発言したが、これは国民にワクチン接種を脅迫したあのワクチンによる集団免疫説が完全に瓦解したことを示している。そしてこの期に及んでも高齢者から大量の犠牲者が出ると相変わらず高齢者の高い死亡率に便乗した唯一ともいえる偽りの恐怖情報を繰り返した。

　しかし、この国を破綻の危機にまで追い込んだコロナ対策は最初の1年目で見直さなければならなかったが、それがさらに2年半も引き延ばされた最大の要因はこの分科会の執拗ともいえる脅迫まがいの警告であったはずである。ここで何事もなくこの組織を解消して、後はどうなろうとかまわないという態度はあまりにも無責任である。目下、コロナの第九波が猛威を振るっているが、尾身元会長以下誰一人として専門家から国民の健康を案じて警告する者は現れていない。これこそが、コロナは恐れるに足らない感染症であることを彼らは認識している証である。ワクチンについても統計的に子供達

には絶対に接種してはならなかったにも関わらず、強行されたがそれも検証されねばならない。感染予防効果がある、あるいは重症化を防ぐとして未だにワクチン接種が推進されているが、これも妥当であったのか、化学的知見に照らして検証されねばならない。この期に及んで「私はただのワクチンの運び屋に過ぎない」と言い逃れを許すことはできないのだ。

　このほど新型インフルエンザウイルス分科会からコロナ分科会（いずれも代表は尾身氏）と続いた分科会制度は廃止となり、この９月１日に発足した内閣感染症危機管理統括庁に移管されることになった。分科会の重大な犯罪性が顕在化してきた証と思われるが、これほど重大な問題を引き起こした分科会の責任を看板を取り換えるだけで無罪放免にすることはできない。国を危うくさせたあの政策の誤りを清算しなければこの国の未来はないであろう。

権力におごねるメディアの大罪

　血友病患者のエイズ薬害事件やダイオキシン事件でもそうだったが、大手メディアがこれらの社会問題に対して悪者に加担して国民不安を煽り騒動を拡大こそすれ、問題解決には何一つとして貢献してこなかったことはマスコミ関係者ならばご承知のはずである。この度のコロナ問題でも同じようなことが行われたと私はみている。日本人の中高年以上は情報のほとんどをテレビや新聞に頼っており、彼らのこれらのメディアに対する信頼度は絶大である。それに対して米国民のそれはせいぜい20％止まりとされる。そのことは、ほとんどすべての大手メディアが一斉に反トランプキャンペーンを仕掛けても国民の半数に近い人が彼を指示していることでも明らかである。

　巨大資本は米国民の３％にすぎないユダヤ系住民の中のごく一部の人々によって握られており、米国が第二のイスラエルと呼ばれているゆえんでもある。この巨大資本は米国だけでなく世界をも支配し、日本のメディアも米国のメディアに沿った偏った報道を流している。そのため、弱小な食品メーカの些細な出来事をさも重大な犯罪であるかのように度々取り上げて国民のガス抜きを行ってきたが、巨大資本の医薬品メーカの薬でどれほど人が亡くなっても、また日本人の命を奪っている最大の要因のタバコ問題をついぞ取

り上げたことはない。今話題になっているジャニー喜多川の性加害犯罪に20年以上に及んで事実上の緘口令を敷いてきたように、時の権力者と結託して情報をコントロールしてきたのが大手メディアであり、必ずしも平等で正義の味方ではない。彼らもまた最大の目的は金を稼ぐことにあることを私たち視聴者は承知しておかなければならない。

　特に日本には世界にはない記者クラブがあり、これは主要メディアでのみ組織され、事実上国の言論統制機関の役割を果たしている。現在情報に二極化が起こっており、情報をコントロールする大手メディアに対して玉石混交何でもさらけ出して人々に判断を委ねるユーチューブ、いずれに軍配が上がるか結果は歴然としてきた。

おわりに—家畜化が進む日本人

　唐突な小見出しに気分を害された方も多いと思うが、これは深刻な問題である。世界中でほぼ同時に勃発したコロナ禍ではからずも日本人の異様ともいえる特異的な性質が浮き彫りになった。世界各国の人々が国の誤った政策には強硬に異を唱え、絶対的権力で人民を服従させてきたあの中国ですら思い余った若者の抗議運動に屈して一夜にしてゼロコロナ政策を撤廃させてしまった。それに対して何の信念も持たない私たち日本人はただ言われるままに服従し、感染症指定が見直された今も多くの人が風邪でもないのにマスクで顔を覆っている姿を海外の人が知った時、不気味さを通り越して滑稽にすら映るのではないだろうか。

　話が飛躍するが、世界2位の経済大国を誇ったこの国が一転して凋落の一途を辿ることになった分岐点が1985年のプラザ合意である。この時に日本だけが円の対米ドル相場を一気に20％も引き下げたために驚異的な円高となり輸出産業はたちまち壊滅してしまった。この時を境に国民不安を盾にした悪質なビジネスが横行するようになってきた。この度のコロナ騒動もそのひとつであるが、私の知る限りではこれまでに国民不安を煽る大きな騒動が7回はあり、その都度膨大な国費が利権亡者にかすみ取られ、ついに赤字国債発行額1千兆円を軽く越える世界一の超債務大国になってしまった。コロナ騒動でも債務をさらに10％以上も増やしてしまったが、この巨額な累積赤字の

責任の一端は専門家やメディアの恐怖情報に煽られて騒ぐ国民にもある。何度騙されてもそれさえ気づかず、自ら考えることを放棄した私たちは利権亡者にとっては格好の餌食であり、彼らは必ずや次回も同じ手を使ってくるはずである。このほどインドネシアで東アジアサミット（2023年9月）が開催されたが、その模様を解説するNHKのラジオ番組に出演したある准教授は「50年前の日本は経済的にも、また技術的にもアジア諸国のリーダー国であったが、今は見る影もなくそれどころか人材不足に苦しんでいる。この国の良さをアピールして優秀な人材を迎えるようにしなければ、この国は再建できない」というようなコメントを述べている。もはやこの国には優秀な人材はいないのか。

　話を家畜化に戻す。人類学では、イヌのように他種によって飼いならされることを家畜化といい、ボノボ（ピグミーチンパンジー）のように自発的に進化したものを自己家畜化と呼んでいる。いずれも本来の野生の本能を著しく失い温和で従順な性質になるのが特徴だが、この他にもうひとつ重大な共通点がある。それは脳の著しい縮小であり、オスでは20％にもなるという[7]。怖い話だが、現在単一の種と考えられている人類に、集団間で進化に大きな格差が急速に進んでいることが指摘されている。現在、今も人類の脳は拡大を続けているという説と、著しく縮小してきたという両極端な説があるが、これは先の集団間の進化格差とも符合する。人口減少が加速化している日本ではすでに置き換えが始まっている。日本人の年収は世界で70位にまで下落し、それに対して世襲が多数を占める議員の報酬は世界3位という。それにしても、うまく飼いならされたものである。

　終わりにあたりデータ解析と図表作成で小川和彦氏に、また、本稿の校正で小島めぐみ氏と奥畑信明氏の協力を得た。ここに謹んで謝意を表する。

〔参考文献〕

1　林俊郎（2021）「コロナの真実―正体見たり枯れ尾花―」『社会デザインの新展開』三弥井書店.

2　林俊郎（2021）『コロナ恐怖に翻弄される世界・日本の戦略』一藝社.

3　林俊郎（2022）「コロナ後の世界」『コロナ禍以降の社会と生活』三弥井書店.

4　副島隆彦・佐藤優（2022）『知の巨人が暴く─世界の常識はウソばかり』ビジネス社.

5　林俊郎（2023）10章「ウクライナ戦争の実相と日本の危機」『AI・データーサイエンス・DXと社会情報学』三弥井書店.

6　浜六郎（2008）「やっぱり危ないタミフル─突然死の恐怖」金曜日.

7　リチャード・ランガム（2020年）『善と悪のパラドックス─ヒトの進化と〈自己家畜化〉の歴史』NTT出版.

II 産業・文化の変容とAI・DX・メディア

第8章 水産業の現状と AI の活用

日比 香子

1 はじめに

　水産業は農林水産業の一部であり、自然の恩恵を受ける一次産業に分類される分野である。日本では魚が食べられなくなってきているが、世界的には魚の需要は高まっている（水産庁ホームページ　世界の漁業・養殖業生産）。2018年に70年ぶりに漁業法が改正され2020年から施行されている。日本周辺に生息する魚が減少の一途をたどるなか、持続可能な漁業を意識した改革である。なぜ漁業法は改革されたのか、このあと日本の水産業の現状と AI を活用した養殖業について詳しくみていく。

2 水産業の現状

(1) 乱獲による資源枯渇と漁獲量の減少

図1　日本の漁業生産量の推移

出典：水産庁ホームページ　漁業生産の状況の変化より

　第2次世界大戦後日本の漁業は、拡大し発展してきた。図1の漁業の種類

について説明すると、沿岸漁業とは、陸地が見える程度の沖合でおこなわれる漁業のことで、刺し網漁やカゴ漁、延縄（はえなわ）など様々な漁法があり、あらゆる魚介類をとっている。沖合漁業は、日本の陸地から200海里（約370km）内で操業する。出港してから 2 ～ 3 日で帰港する漁業もあれば、帰港するまで 1 カ月以上を要する漁業もある。沖合漁業は日本の漁獲量の半分以上の魚を捕ってきている。遠洋漁業は、350～500トンの大型船で南太平洋やインド洋、大西洋など、日本から遠く離れた漁場へも行き、マグロはえ縄漁業や、イカ釣り漁業をする。一度日本を出ると短くても 1 カ月、長い場合は 1 年半も帰国しないことがある。とれた魚は船内で冷凍して日本に持ち帰える。

　図 1 より、昭和40年代後半（西暦1970年頃）あたりから遠洋漁業が急激に減少しているのが分かる。これは、南米、アジア及びアフリカ諸国を中心に、沿岸国の利益の保護を目的とした、沿岸200海里内での漁業等に関する沿岸国の排他的な管轄権を主張する動き[1]が急速に強まってきたためである。昭和52（1977）年には、米国及びソビエト連邦をはじめカナダや欧州共同体（EC）諸国も200海里水域の設定に踏み切り、これにより200海里時代が到来し、日本でも遠洋漁業の撤退が相次いだ。しかしマイワシの漁獲量が急激に増大したことから、漁獲量は、昭和59（1984）年にピークの1,282万トンとなった。その後、遠洋漁業が行われなくなった分の漁獲を沿岸・沖合漁業に転化したため、主に沖合漁業によるマイワシの漁獲量の減少の影響により、漁業の生産量は平成 7（1995）年頃にかけて急速に減少し、その後は緩やかな減少傾向が続いている。日本の沿岸の魚は長年の漁業により、数が減ってきているのである。

　さらに2022年12月にカナダ・モントリオールで開催された国連生物多様性条約第15回締約国会議（COP15）では2030年までに地球上の陸域、海洋・沿岸域、内陸水域の生物多様性の30% を保護するという。日本の海に生息している魚のうち「ニホンウナギ」は環境省が2013（平成25）年にレッドリストに掲載された絶滅危惧種である。これからは、魚は捕るものではなく、保護すべき対象となってきているのである。今後の漁業に一層規制がかかってくることは否めない。

（2）海洋温暖化による生態系の変化

　表1は NHK クローズアップ現代　2022年10月11日放送分「食卓から消え
た魚はどこへ？魚の大移動に迫る世界初の魚の地図」の番組中の資料をまと
めたものである。ここ10年間で急激に捕れなくなった魚種もあれば、急増し
た魚もあるということだった。捕れたはずの魚種が捕れなくなることは、そ
の港や県にとって大打撃となる。急増した魚種が水揚げされた港では、今ま
でなじみのない魚をどのように活用していくか、これまでのノウハウがない
中、新たな名物を生み出すべく模索しているということだった。

表 1　漁業の10年間の変動

10 年ほどで激減					10 年ほどで急増				
県・港	品種	約10年前	2022年	倍	県・港	品種	約10年前	2022年	倍
根室	サンマ	47,537t	10,480t	1/5	北海道	ブリ	2,190t	14,000t	6
函館	スルメイカ	4,725t	490t	1/10	岩手県	シイラ	24,413t	256,695t	10
岩手県	サケ	19,011t	413t	1/46	宮城県	タチウオ	1t	500t	500
富山県	寒ブリ	47,279 本	11,013 本	1/4	宮城県	サバ	7t	8,253t	1100
長崎	サワラ	1,416t	600t	1/2	福島県	トラフグ	1,840k	27,839k	15
					福島県	エセエビ	1,952k	6,159k	3

出典：NHK クローズアップ現代「食卓から消えた魚はどこへ？魚の大移動に迫る世界初の魚の地
　　　図」の番組中の資料を基に執筆者がまとめた

　なぜ、魚の大規模な移動が起こるのか？海水中から採取される魚のフンや
ウロコの DNA を解析する「環境 DNA[2]」という手法を用いることにより、
サケやサバなどの魚種が冷たい海を目指して北に生息域を移してきていると
いうことが判明した。海水温の上昇が原因であると考えられる（Yukari
Suzuki-Ohno 2023）。

　同じように海水温の上昇により、海洋環境が大きく変化する事象がある。
サンゴの白化である。

　近年沖縄を中心とする南西諸島で、サンゴの白化が多数報告されている。
2016年の世界的な大規模白化現象では、日本最大のサンゴ礁の実に９割のサ
ンゴが白化、その多くが死滅する等、非常に大きな影響があり、その影響の

図2　サンゴの白化

大きさと、気候変動への対策の重要性を再認識させる大きな出来事となった。サンゴはイソギンチャクの仲間で動物であるが、体内に褐虫藻という藻を住まわせている。褐虫藻はサンゴという住処を得られ、サンゴは褐虫藻が行う光合成からエネルギーを得るというお互いに利がある「相利共生」という関係にある。ところが海水温が高くなると光合成によって生じる酸素の中に活性酸素が増えていくことになる。この活性酸素は適度であれば、サンゴ自体が処理できるのであるが、多すぎると細胞を傷つけるなどの害が生じる。この状態が続くとサンゴにとってもストレスとなるため褐虫藻を追い出してしまうのである。褐虫藻がいなくてもしばらくはサンゴも生きているが、スムーズにエネルギーを得られなくなるため、最悪死滅してしまう。サンゴが死滅すると、サンゴ礁を住処としている生物がいなくなり、またそれらを捕食する生物もいなくなることになり、生態系のバランスが崩れてしまう。

　温暖化による生態系の変化は魚の大移動を招き、サンゴの白化を促進していく。

（3）漁業従事者の高齢化と人材不足

　図3は漁業就業者の推移と39歳以下の割合を示している。図3にように漁業に就業している人口は年を追うごとに減っていることが分かる。その年齢の構成から、また39歳以下の割合が増加していないことから、高齢者の割合が高く、高齢者がやがて働けなくなったとき、圧倒的な人手不足になることが推測できる。

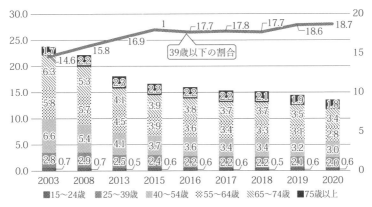

図3　漁業就業者の推移と39歳以下の割合
出典：農林水産省「漁業センサス」に基づき水産庁で作成

　日本の水産業はこれまで示したように魚の乱獲を抑制し逆に保護していか
なければならないことや、海水温の上昇による、魚種の移動や環境の変化、
そして高齢化に伴う人材不足と問題は山積みである。

　日本の漁業の抱える様々な問題から、SDGs の14番目の目標の「海の豊か
さをまもろう」とあるように、この目標を達成する手段として養殖を選ばざ
るをえなくなったのでないだろうか。しかも今後の人手不足を考えると効率
よく、海の厳しい環境の中での作業を少なくする、AI を活用した『スマー
ト養殖』に注目が集まっている。

3　AI を活用したスマート養殖

（1）　養殖の種類

　AI と養殖の関係を知るために、まず現在の養殖の種類について触れた
い。まず養殖は大きく分けて完全養殖と不完全養殖にわかれる。完全養殖と
は、養殖して人工孵化から稚魚、成魚へと育てた魚を親魚とし、卵を産ませ
てから再び養殖し出荷することを言う。親魚、卵、また稚魚のいずれも自然
界から漁獲せず、生産のサイクルが養殖場だけで完結している。卵や稚魚の
捕獲が一切不要のため、天然資源を減らさず育てることができ、国内での食
料自給率を上げれば、海外からの輸入食材に頼る割合を減らせるなどのメ

リットがある。現在、完全養殖に成功している魚介類の種類は、マダイ、ヒ
ラメ、ギンザケ、クロマグロ、ブリ、チョウザメ、マサバ、マス、ウナギな
どがある。しかし、出荷されているものとなるとぐっと魚種は減りマダイ、
ヒラメ、マサバ、である。不完全養殖とは、自然界から漁獲した親魚を用いて、
人工孵化から稚魚、成魚へと育て出荷することを言う。そしてまた親魚を漁
獲してくるという、生産のサイクルが養殖場だけで完結しないため不完全と
言われている。不完全養殖にされている漁種は、ウナギ、ブリがあげられる。

　ちなみに親魚から人工孵化させて、ある程度の大きさの稚魚に育った時点
で、海に放流することを栽培漁業という。魚の一生のうち一番弱い時期を保
護して増やすというもので、自然界に放流された後に漁獲された場合、天然
ものとして流通する。

（2）養殖の一部にAIを活用している現場

　現在養殖にAIは目覚しい速さで様々な部分で取り入れられてきている。
その中でも最初に、ピンポイントで養殖にAIが取り入れられているケース
について紹介する。

　まずは最初の例として、餌やりのシステムがあげられる。

　AI給餌機はその名のとおり魚に餌を与える装置である。もちろん決まっ
た時間になると餌が自動的に出てくるという単純なものではない。回転寿司
チェーン「くら寿司」を運営するくら寿司株式会社の子会社、KURA おさ
かなファーム株式会社は、ウミトロン株式会社と協働し、AIやIoTを活用
したハマチのスマート養殖に成功した（日本経済新聞　くら寿司、AI養殖ハマ
チ食欲解析、適切な給餌実現　2022年）。養殖にとって餌代は最大のコストであ
るため、大切なのは、適切なタイミングで適切な量の餌を与えることであ
る。養殖されている魚は早い成長が望まれるが、餌をたくさん与えれば必ず
しも早く育つということではない。魚が食べ残した餌はいけすの下の海底に
落ちてしまう。いけすの下に水流がなかったり、水の交換が少なかったりす
ると、硫化水素が発生する。硫化水素が発生するとそのガスが海底から水面
まで上がってきて魚がへ死してしまう。そのため、いけすの水中をスマー
トフォンやタブレットをとおしてリアルタイムで観察し、食べ残しがないか

などをチェックしている。魚種によって異なるが、愛媛県で養殖されているシマアジなどは満腹になるとシマアジが下に沈んでいくという性質に配慮し、超音波センサーで水の濁りや昼夜の光量差などとは関係なく下に沈んだ魚群を正確に捉え、魚の満腹度を判断する（トライアングルエヒメ広報事務局ホームページ　2022）。このようなデータに基づき、飼料を最適化し無駄を減らすだけでなく、残餌による環境汚染も減らすことができる。

　ピンポイントで AI を活用したもう 1 つの例として鮭の寄生虫対策があげられる。

　一昔前まで鮭は「生食できない魚」であった。アニサキスなどの寄生虫が多いからである。激しい腹痛を引き起こす寄生虫アニサキス。その症状は正に七転八倒の痛みだという。天然の鮭は、海にいる間オキアミ（小型のエビ）を餌とするが、このオキアミにアニサキスの幼体が寄生していることが多く、それを食べた鮭が感染する。

　ノルウェーやチリなどでも国策として行われている養殖の鮭は、餌に生の魚介類を使用していない為、アニサキスにあたる確率は非常に低い。しかし、アニサキスの割合は低いからと言って、他の寄生虫がいないという保証はない。養殖は狭い範囲に 1 種類の魚のみを集めるという、異常な環境を作り出している。いわば、寄生虫にとっては食べ物があふれているおいしい状況なのである。養殖業者は寄生虫を寄せ付けないようにするため、薬品を使う等の様々な手法を取るが、ノルウェーでは最新のレーザー技術を使っての寄生虫駆除が大きな効果を発揮している。防水アルミパッケージのこの装置は、医療現場で使用されている高精度のダイオードレーザーを搭載し、体表にフナムシやサケジラミが付着した個体が通過すると、備え付けられたカメラシステムで素早く個体の育成状況や寄生虫の数を認識する。専用のリアルタイムソフトウェアが即反応してレーザーが照射され、寄生虫を狙撃する。射程はおよそ 2 m。反射率の高い鮭の肌は傷つかず、寄生虫の組織だけを破壊するという原理である。装置の性質上、効果があるのは体表に付着する寄生虫だけだが、駆除の薬品を使う必要が無い為、鮭に薬成分が残留することが無く、また、周囲の環境にも影響を与えることが無い（寺田充弘　2021）。そして、魚へのダメージ 0 で寄生虫だけを駆除できる。ノルウェーでは、サンプル抽

出されたアトランティックサーモンについている海シラミの数は政府に届け出が義務づけられ、一定量を超えればライセンスが取り消される可能性もある。国も養殖業者もブランドの維持に躍起なのである。そのため、薬剤を使わず駆除できるのは養殖産業の従事者にとっては大きなメリットである。鮭以外の魚にも使えるため、これから注視していくべき分野の一つなのではないだろうか。

（3）AI を活用した陸上養殖の取り組み

　今や世界中で販売される魚のかなりの割合が養殖になってきたが、その一方で、魚の養殖が引き起こす水質汚染が問題になっている。魚の養殖は、波の穏やかな湾内など奥まった場所で行われる事が多いため、与えられる餌や疫病を防ぐための薬剤などが海域に留まりやすく、海洋汚染の原因になっているのである。これを解決する方法として、現在注目されているのが「陸上養殖」である。

　陸上養殖とは、その名の通り「魚介類を陸上の施設で養殖する」ことである。陸上に水をためた設備を作り、魚を育てる。魚の養殖をするにあたり「きれいな水」の確保が何より大切となるが、陸上養殖では、海や内水面から新しい水を汲み上げたり、使用した水を濾過・浄水して再利用するという手法を取っている。水の再利用を行うため、環境に有機物質を放出せず、汚染などの環境問題を防ぐことができる。また外部の水を利用しないことで、細菌やウイルス、汚染物質の混入を防ぎ、魚を健康に育てることができるという利点がある。

　陸上養殖が海面養殖と大きく異なる点は、水温や溶存酸素、pH などの成育環境を制御できることである。魚にとって最適な環境を作り出すことでへい死率（へいしりつ、突然死んでしまうこと）を下げ、かつより早く成長させることができる。これまでの養殖では、どのような環境が最適かをベテランの漁業従事者が自らの経験や勘を元に設定していた。陸上養殖事業は当初からAI を活用することを前提とした AI ネイティブな取り組みとしてスタートしており、最適化の目的となるへい死率や成育速度を AI で数値化することができる。これにより勘と経験による最適化を脱却し、最適な環境をより効

率的に探索することが可能になる。さらに、陸上養殖は市街地の近くで養殖を行うことができるので、育てた魚を輸送する金銭的・時間的コストが低く、新鮮で安価なものを消費者に届けることが可能になる。

　ただ、これらのメリットが有る一方で、陸上に水槽などの設備を作り、そこに水を汲み上げる必要があるために、イニシャルコスト・運営コストが高くなるというデメリットがある。また病気になりにくい代わりに、水温調整やろ過を行うための機材の故障や、停電による停止などから種苗が全滅してしまう、というリスクもある。しかし現在、この陸上養殖の新しい技術を開発し「水道水」で陸上養殖することに成功した。

　その例として千葉県木更津市で FRD japan が行っているのは「トラウトサーモン」の養殖である。回転寿司などで気軽に食べられている鮭は子どもにも人気があるが、世界で最も需要の伸びが大きい魚のひとつで、価格が著しく向上している（みなと新聞　2022年）。

　こちらの企業が行っている陸上養殖システムでは、飼育水槽に水道水から作った人工海水を入れ、それをバクテリアの力でろ過し続けることで、水の入れ替えをせずに水質を維持している。魚が放出するアンモニアをまず硝酸に、さらにその硝酸を気体の窒素に変換して大気中に放出するというシステムで、陸上養殖で最もコストがかかる「新鮮な水・海水の汲み上げ」を行う必要がない。すでに成功していた「アワビの陸上養殖システム」にヒントを得た。この企業では今後、千葉県木更津市にサーモンの大規模な陸上養殖プラントを建設予定である。年間1500ｔの生産を目指しており、その後は国内のみならず、アジアの各都市での陸上養殖にも乗り出す（日本経済新聞2023）。

（4）まとめ

　現在の海洋の状況を考えたとき、サステナブルという概念においても、生物の多様性を保護するという概念においても、人手不足という現実においても、魚を調達する手段は養殖となっていくであろうと思われる。

　日本において海での養殖が始まったのが20世紀になってからである。実はまだ日の浅い養殖業界は、農林水産省で掲げている「みどりの食料システム

図4　三大生鮮食品の動向

戦略」の2050年までに、ニホンウナギやクロマグロの種苗を100％にするという目標を前に四苦八苦している。そもそも、養殖業がまだ完全に整っていない現状なのだ。

　図4に示すように、農業も畜産も縄文時代の終わりくらい、稲が大陸からもたらされてから始まる。それまで、着の身着のままお腹がすくと狩りをしたり、果実や木の実を食べるといった生活であった。弥生時代になり稲作が伝来すると計画性をもって生活するようになる。そこから始まった農業や畜産業は、長年の品種改良が行われてきた。例えば、人間の食べる部分が比較的多いものどうしを掛け合わせることで、食べる部分が肥大した作物が出来たり、日照りや水害に対して丈夫な作物や、美味しい作物が誕生してきた。遺伝子組み換えなど性急なものではなく、ゆっくりと世代交代しながらの時間をかけた品種改良である。

　そして、私たちは野菜が食べたいときはスーパーか自分が育てている畑に行くだろう。自然の野原や山には摂りにはいかない。畜産でも同じようなことが言える。肉が食べたいときはスーパーに行きパックの肉を買う。猟銃を片手に山に分け入り獣を仕留めに行くことなどしない。ジビエもあるが、一般的ではなく一部のコアな人たちのためのものとなっている。

　しかし、現代でもなお、水産業は狩猟時代が続いており、農業や畜産からすると、時代遅れな状態である。

　漁業法の改正により「持続的」という言葉が初めてもりこまれた。管理手法に重きをおき、新規参入をはばんでいた漁業権が緩和された。養殖へのお

膳立てはすべてそろったのである。

　水産業の中の養殖は、ようやく農業や畜産業と同じ地点にたどり着いたに過ぎない。本格的に SDGs を目指すならば、海の資源には手を付けず、人間の食べるものは自分たちで環境に配慮しながら生み出していくようにしていくべきだろう。しかし、未だに日本人は天然の魚を尊び、養殖の魚を下に見る傾向がある。環境に配慮した養殖魚の取り組みを付加価値としては考えないのである。天然物よりも少々価格が高くついても養殖を購入しようという考えをこれからは持つべきだろう。養殖産業はまだ始まったばかりである。これから養殖しやすい魚に品種改良していかなければならない。本来ならば農業や畜産業のように弥生時代から現代までの途方もない時間が必要となるだろう、しかし AI を活用し、世代交代を効率よく行えれば、その時期は早まるだろう。養殖産業がＡＩの活用により、現場の人材不足を解消し、これまで知識や経験値から現場に行かなければ判断できなかった、個体の成熟度や餌やりなどの毎日の海での過酷な労働をなくし、現在よりも成熟した産業へと進化していくことを切に願う。

注

1　200海里水域は領海を含めて沿岸から200海里（約370 km）までの海を指す。 この水域は「排他的経済水域（EEZ）」とも呼ばれ、この範囲内にある水産物や鉱物などの天然資源は沿岸国が得る権利がある。
2　環境 DNA とは、海や川・湖沼・土壌などの環境 中に存在する生物由来の DNA を指す。 環境 DNA を解析することで、そこに生息する生物の種類やおおよその生物量の把握が可能となる。

〔参考文献〕

『みなと新聞』2022.4.7 夕刊　ノルウェーアトラン内販価格過去最高、先行き不安で浜値５割高

『日本経済新聞』2022.6.24 会員限定記事　くら寿司、AI 養殖ハマチ　食欲解析、適切な給餌実現

『日本経済新聞』2023.7.20 夕刊　三井物産や長谷工など、サーモン陸上養殖に210億円出資

農林水産省（2023）令和 4 年産地水産物用途別出荷量調査結果

　https://www.maff.go.jp/j/tokei/kekka_gaiyou/suisan_ryutu/santi_ryutu/r4/
　index.html（2023年11月3日閲覧）

水産庁（2019）（1）漁業生産の状況の変化

　https://www.jfa.maff.go.jp/j/kikaku/wpaper/r01_h/trend/1/t1_f1_1.html（2023年
　11月5日閲覧）

水産庁（2022）（3）漁業就業者をめぐる動向

　https://www.jfa.maff.go.jp/j/kikaku/wpaper/r03_h/trend/1/t1_2_3.html（2023年
　11月5日閲覧）

水産庁（2023）（1）世界の漁業・養殖業生産

　https://www.jfa.maff.go.jp/j/kikaku/wpaper/r01_h/trend/1/t1_3_1.html（2023年
　11月5日閲覧）

トライアングルエヒメ広報事務局　愛媛県デジタル実装加速化プロジェクト事業者紹
　介「愛媛県漁業協同組合うわうみ支所」2022

　https://sumahononakani.com/tjn/api/get_report_detail.php?report_
　no=6056&app_no=2（2023年11月3日閲覧）

寺田充弘（2021）「養殖モニタリングシステムのグローバルトレンド」水産工学
　Fisheries Engineering 55 Vol. 58 No. 1, 55〜63

Yukari Suzuki-Ohno, Akifumi S. Tanabe, Akihide Kasai, Reiji Masuda, Satoquo
　Seino, Akihiro Dazai, Shota Suzuki, Takuzo Abe, Michio Kondoh Evaluation of
　community science monitoring with environmental DNA for marine fish species:
　"Fish survey project using environmental DNA" Environmental DNAVolume 5,
　Issue 3 May 2023 Pagesi, 613-623

第 9 章　デジタルファッションの未来
―DX による「着ること」の価値変容―

江良　智美

はじめに

　2023年 1 月、経済産業省は「web3.0 時代におけるクリエイターエコノミーの創出に係る調査事業」第 2 弾として『経済産業省 presents 「メタバースファッションコンテスト」』を開催した（経済産業省, 2023年 1 月12日）。このコンテストは経済産業省の調査事業の一環として開催された実証事業である。この事業の趣旨について、経済産業省は「web3.0 やメタバース空間ビジネスについて、コンテンツやその空間を生み出すクリエイターの存在が必要不可欠である」と述べている。2023年度はこの他にも VR イベントでBEAMS がバーチャルファッションコンテストも開催した（株式会社ビームス, 2023年 7 月28日）。これらは全て「デジタルファッション」を対象としている。

　コンピュータグラフィクスで使用される 3 D モデリング等のデジタル技術を駆使し、画面上に立体的に表現する衣服である「デジタルファッション」と呼ばれる領域が注目を集め始めている。デジタルファッションはファッション分野における DX（デジタル・トランスフォーメーション）の 1 つである。本稿ではデジタルファッションの概要、注目される要因を理解し、私たちの衣生活や消費、美的観念にどのような影響を与える可能性があるのか、次世代を担う大学生の率直な意見も参考としながら考察を深める。

1　デジタルファッションとは

　デジタルファッションという言葉は耳慣れないと感じる人も多いだろう。私たちに最も身近な活用例は、メタバース空間やゲーム分野で自分の代わりとして行動するアバターやキャラクターの衣装などだ。

　デジタルファッションは布地の特性についての表現や衣服の構造・工程に

特化した3Dモデリングシステムで制作することができる。代表的なものとして CLO Virtual Fashion Inc. の「CLO」「Marvelous Designer」などが挙げられる。「CLO」はファッション産業における革新的技術として、「Marvelous Designer」は CG、アニメーションやゲーム業界等のクリエイティブ産業で採用されている。

　また、メタバース空間やゲームソフト内でアバターにアクセサリ機能などを用いて制作することもできる。ピクシブ株式会社の3D事業「VRoid プロジェクト」で使用できるアバターウェアに特化した「VRoid WEAR」、クラスター株式会社「cluster」もその事例である。

　ファッション産業での生産工程に用いられるソフトやサービスもにも、デジタル技術によるファッション表現は活用され始めている。東レ ACS 株式会社が提供するアパレルの企画・生産性向上ソフト「CREACONPO®Ⅱ」では、同社のパターンメーキングソフト「Pattern MagicⅡ」と連動する3Dバーチャルフィッティングソフト「Pattern MagicⅡ3D」を配信している。株式会社島精機製作所ではニット生産におけるプログラミングに特化・対応し、3Dシミュレーション等も可能な「SDS-ONE APEX シリーズ」を開発している。

　デジタルファッションの販売も始まっている。株式会社 ZOZO NEXT では「着用させたい自身の写真を送付後24時間以内に、購入したアイテムを着用した自身の写真を入手できるプラットフォーム（株式会社 ZOZO NEXT, 2023年8月17日）」を公開・販売している。また、近年では自動生成AIを用いた事例等も登場し、注目も集めている。2023年8月に開催された「Rakuten Fashion Week TOKYO」では、「ジェネレーティブ AI とファッションの未来」と題したイベントが開催され、事例が公開された（Rakuten Fashion Week TOKYO, 2023年8月）。

図1：Marvelous Designer 12 を用いて制作し、CLO Standalone でレンダリングしたデジタルファッション（筆者作成）

　デジタルファッションの特徴は自由で独創性の高い表現を実現できる点にある。現実の世界では物理法則的に難しい斬新なデザインでも、メタバース空間でアバターが着用するデジタルファッションであれば様々な挑戦が可能だ。そしてデジタルファッションは自分の画像や動画に合成し、画面上で着用した様子を楽しむことができる。

　実物の衣服を制作する工程でもデジタルファッションは有効な手段だ。画面上で操作する３Ｄモデリングシステムは試行段階で何度も繰り返し確認することができるため、これまで平面で製図し、布地を用いて試作したパターン造形に代わる新しい手段として注目されている。

　2023年、経済産業省は今後拡大が予想されるデジタルファッション領域についての取引に関する事項について「ファッションローガイドブック2023〜ファッションビジネスの未来を切り拓く新・基礎知識〜」を公開した（経済産業省，2023年３月31日）。このガイドブックでは「Ⅶ. デジタルファッション領域にチャレンジするときに知っておくべきこと」として、デジタルファッションを用いてビジネスを行う際の販売方法、商標登録、サービスなどで注意すべき観点を詳細に解説している。

　デジタルファッションは実際に身にまとうわけではなく、手に触れられる存在ではない。しかし、本格的な流通は既に始まっている。このことは私たちの心と身体、ファッションに対するまなざしにどのような影響を与えるのだろうか。

２　デジタルファッションが注目される３つの要因

　近年、デジタルファッションが活発に議論される要因として３つが挙げられる。

　まず１つ目の要因として、コロナ以前から問題となっていたファッション産業の社会課題解決策として、DXの導入が積極的に進められていることが挙げられる。ファッション産業で活用が期待されるDXは主に「流通・販売」と「生産工程」の２つに区分され、デジタルファッションは両分野で重要な役割を持つと考えられている。ファッションビジネスにおけるデジタル技術の必要性は以前より話題となっていた。ファッションビジネスの観点から分

析する大村邦年は「デジタル社会への適用は、ブランド価値創造へ大きな付加価値も獲得することができる」(大村 2017: 131) と述べている。従来のファッションビジネスでは一定の数量を生産しコストを抑え、新商品の投入サイクルを加速させることで消費者の購買意欲や消費行動にアプローチする傾向があった。しかし、ファッション産業は現在、抜本的な構造改革を求められている。

　JETRO (日本貿易振興機構, 2023年4月21日) によると、2013年4月24日バングラデシュで発生した縫製工場「ラナプラザ」崩落事故から10年が経過し、改めてサプライチェーン、大量生産の見直しや労働者の人権尊重がファッション産業の継続的に解決すべき課題として指摘されている。また、外務省 (2023) にまとめられるように、2015年9月国連サミットで採択された「持続可能な開発目標：SDGs (Sustainable Development Goals)」の広がりにより、消費者も衣生活から生じる様々な問題を自分事としてとらえ、喫緊の解決すべき課題として意識を持つようになってきている。現在は生産工程にAI技術やクラウドサービスを導入し、業務効率化や余剰在庫の抑制を検討することや、迅速で環境負荷が少ない流通システムの構築など、社会課題解決に向けたDXの導入が急速に進められている。その中で、デジタルファッションは企画段階における材料コスト削減などに活用され始めている。

　2つ目の要因として、コロナ渦で消費者が体験した「外出できない」という事実から購買行動に大きな変化が起きた点が挙げられる。

　2020年に起きたコロナ禍は、世界中のファッション産業に大きな影響を及ぼした。それまで日常的な行為であった店舗へ赴き試着をして購入することが一時的に困難となった。このことにより、ファッション産業は非常に長い時間をかけて構築してきた顧客と対面しコミュニケーションを取りながら商品を販売するという基本的な手法を見直す必要性に迫られた。コロナ禍はファッション産業のみならず、小売業界全体に大きな変化を与えた。ダグ・スティーブンスは「小売の歴史の流れを加速するだけでなく、一変させるほどの変化」(Stephens 2021 = 2022: 39) と表現しているが、販売側のみならず、消費者側にとっても価値観を変える出来事だったと考えられる。

　ファッション産業における実店舗での対面販売は現在も主たる手法であ

る。一方で、複雑化する現代社会では EC と実店舗を往来し、消費者が最適解を選択することができる「オムニチャネル」の注目度も高まっている。コロナ禍以前にもファッション産業にとって EC は重要な手段であった。しかし、ここ数年で EC の機能性が向上し詳細な製品情報やライブ配信による商品紹介などが導入され、オンラインショップの強みである自宅で気兼ねなく買い物ができる利便性の高さがより実感できるようになった。デジタルファッションは EC における最大の課題であった「試着ができない」という点を解決する有効な手段として活用が望まれている。

　3つ目の要因は、コロナ禍前後から若者の間で中心となりつつあった動画や SNS 等を用いたファッション情報の伝播とメタバース空間の可能性である。ファッションの歴史において、情報の伝播形態は重要な意味を持ち、服飾流行に関する媒体は時代とともに変化する。現在、SNS や動画投稿サイトは多くの人が装いの参考にするなど、非常に訴求力のある存在として認知されている。特に SNS は雑誌メディア等と異なる情報速度をもち、ファッション産業も SNS を取り入れた広告宣伝活動が活発に行われている。そして、SNS を閲覧するためのスマートフォンでは、アプリ機能を用いた画像加工や映像編集が既に一般化している。専門的な知識がなくても、誰もが気軽に自分が撮影した画像に装飾を施すことができる。デジタルファッションは、こうしたメディアやデジタルデバイスの進化の延長線上に存在する。例えば自分の写真にデジタルファッションを着装することで、現実を拡張したり、新しい表現に挑戦することもできるだろう。今後デジタルファッションの活用が進めば、人々の装いに対する欲求を満たし、実物の衣服を必要以上に購入しすぎず環境負荷を減らす可能性も考えられる。メタバース空間は日進月歩で進化しており、より多くの情報やコンテンツが求められている。ファッション情報もまた、バーチャル空間からの発信が今後増加することが予想される。

　このように、デジタルファッションはここ数年の社会状況を背景に、急速に開発と一般化が進み、私たちの身の回りに登場しつつある。

3　デジタルファッションを議論するにあたって

　デジタルファッションについての議論をどのように進めるべきか。私たちはこれまでのファッションに関する既に発表された先行研究から学ぶ必要がある。ファッションという言葉が指し示す領域は広い。ファッションを研究することは、私たちの衣・食・住という生活に関わる事柄と社会や経済、人々の心理的側面など多様な領域とのつながりを発見して多角的に考え、理解を深める力が求められる。また、自分の最も身近な衣服という存在から現在進行形の課題を捉え、解決の糸口を模索しようとすることが重要である。

　ファッションがこれまでどのように研究されてきたかという点について、小形道正は「これまでのファッション研究が、〈衣服と○○〉という形式において3つの方法論的視線より論じられてきた」（小形 2013: 487）と述べている。また、それは「〈衣服と消費〉,〈衣服と身体〉,〈衣服とメディア〉」（小形 2013: 487）であると指摘している。

　私たちは生活するために衣服を購入し、消費する。一方で、購入した衣服を着用するための身体は常に変化する。そして衣服自体が発信する情報や伝播される流行現象に私たちは直面する。多くの研究者がこの論点について考察を深めているが、こうした先行研究を参考に、本稿はデジタルファッションが従来の衣服と異なる点を「着ること」「手に入れること」の2つの視点で検討する。

（1）デジタルファッションと「着ること」

　デジタルファッションが従来の衣服と大きく異なる点に、身体との距離が挙げられる。私たちが身につける実際の衣服は、身体との関係性が常に論じられてきた。衣服と身体について、鷲田清一は「衣服＝身体は、意味を湧出させる装置でありながら同時に意味を吹き込まれるもの、つまりは意味の生成そのもの」（鷲田 1996: 27）と述べている。現実の世界で私たちは衣服を着用するとき、自分の身体と対峙することから始める。例えばどれを着ようかな、と迷い、自らの意思で選択した衣服を着用したとしても、それを着たら完全な身体と精神の状態になると言い切ることは難しい。昨日と全く同じ自

分は常に存在せず、細微な肉体的変化や心理的要因によって着るという行為も衣服の存在意義も容易く変わる。これを着れば勇気が湧いてくるというお気に入りの衣服も、その日の心の持ちようやその場の状況、または天候や気温などの影響で全く力を発揮できないことは往々にしてある。

　仮想空間における私の存在であるアバターにデジタルファッションを着装する行為は「着る」ではなく、「着せる」に近い状況が多い。デジタルファッションの場合、画像の自分に対しても「着せる」という言葉が適切かもしれない。デジタルファッションを着装する対象者は身体をもつ私自身ではなく、自己の分身的存在とも言える。自己の分身ではあるが、客体として衣服を「着せられる」存在であり、客観的な価値基準で着装の判断をする点が、実際の衣服と異なる点だろう。

　こうしたことも含め、私たちがデジタルファッションを実際の衣服のように主観的かつ感覚的に理解するためには、デジタルファッションと私たちが一定の時間を共に過ごし、共有する経験が必要であると考えられる。着ることは経験と密接に関わる。「着飾る」という言葉があるように、着ることは美と隣接していると多くの人は感じている。ベンス・ナナイは美的経験について次のように述べている。

　　わたしたちの多くの美的経験は、幾分穏やかな<ruby>穏<rt>マイルド</rt></ruby>やかなものである。わたしが念頭においているのは、たとえばパンツと靴下の色の組み合わせを見て不快だと思ったり、魅力的だと思ったりする経験だ。

（Lopes, Nanay & Riggle 2022＝2023: 36）

　現在の私たちは圧倒的にデジタルファッションに不慣れで、感じる距離感は非常に大きい。そして、デジタルファッションから得られる感情や感覚といった美的経験がまだ少ない段階と言えるだろう。デジタルファッションとの距離感を縮め、主体的な実感を得るためには、仮想空間への一定の没入感が必要となる。しかし、仮想空間へ没入しても、衣擦れや着心地など、触れた感覚を表現するためのデバイスが別途必要になることは確かだ。

　衣服の機能性について冨田は「アパレルの目的と機能」として「保健衛生

上の機能」「生活活動適応上の機能」「社会生活上の機能」「整容装身上の機能」
「自己表現上の機能」を挙げている（冨田編著. 2012: 3-4）。こうした実際の衣
服が持つ本来的な役割と、デジタルファッションは大きく異なる点がある。
しかし、現在私たちが感じるデジタルファッションとの距離感を一足飛びに
縮める画期的な出来事が起きる可能性は大いにある。それが現実世界での衣
服と私たちの関係性に与える影響は、長い服飾と人間の歴史の大きな転換地
点になるかもしれない。

（2）デジタルファッションを「手に入れること」

　ファッションの歴史のなかで、理想の衣服を手にいれるために人々が試行
錯誤を繰り返し、時には争いも起きた事実は数多く確認できる。また、衣服
によって社会規範や特権階級を示した時代もあった。衣服の原材料である繊
維や獣毛、染料に希少性があったものや、高度な人的技術によって縫製され
た代替が難しいものはより高価に取引をされた。人々は衣服をできるだけ長
く使用できるよう、大切に着用した。しかし、産業革命と科学技術の発展に
よって、衣服は大量生産が可能な工業製品として流通するようになった。衣
服と消費について、ジョアン・エントウィスルは「ファッション産業が主要
な経済的・環境的・文化的な意義を帯びた産業であるという事実」（Entwistle
2000＝2005: 297）と述べているが、ファッションは人間の欲求と経済活動を
如実に反映していると言えるだろう。

　近年、ファッションデザイナーがコレクターズアイテムを発表し、販売す
る事例も増えている。森村夢佑斗は「所有価値を備えたデジタルデータであ
る NFT は、ほぼすべてが広義のコレクティブルに該当する」（森村 2021: 96）
と解説している。デジタルファッションはこの点から検討すると、今後資産
価値を有する存在となる可能性があると言えるだろう。これは20世紀以降消
費財として扱われ、環境に負荷をかける行き過ぎた生産や廃棄が問題となっ
た衣服が、創造的かつ所有者にとって無二の存在として原点回帰を果たそう
としているように捉えることもできる。しかし、デジタルファッションが流
通する商圏としての仮想空間はまだ始まったばかりである。今後新しい商品
やサービスも次々に誕生することが予想されるが、著作権や意匠権等法的な

整備を技術の向上と並行し進めていくなど、検討すべき課題も多く存在している。デジタルファッションを正しく取引できる新しい産業構造や市場を確立し、消費対象としての魅力や価値を創造することも重要である。

　デジタルファッションの制作工程も日々進化している。例えばGenerative AIを用いたファッションデザインでは、人間と異なるアプローチでAIが美を表現する場合もあるだろう。それらに対し、私たちは何を美しいと感じるのか、何のために買うのか、なぜこの衣服が欲しいのか、といった感情や思いについて、自分の考えを深める機会も増えるだろう。私たちはデジタルファッションを通じて従来の価値観を拡張し、これまでの衣服に対する美的感覚や消費行動を再定義する必要があるかもしれない。

4　演習授業「衣生活調査演習／衣環境調査演習」で学ぶファッション産業の未来について

　本節では目白大学社会学部社会情報学科2023年度前期授業「衣生活調査演習／衣環境調査演習」で履修者から寄せられたファッション産業とDXに関する率直な意見を参考に、近い未来に起こりうる「着ること」の価値変容について考察を深める。

　目白大学社会学部社会情報学科は4つのユニットから学際的に構成されている。「生活創造ユニット」は衣食住に関わる専門知識を段階的に学び、他分野との関連性を理解しながら変化の多い社会の中で創造的かつ新しい発想で生活を捉えることのできる人財を育成している。2年生以降の専門科目である「衣生活演習／衣環境調査演習」は、衣分野研究の最新動向と繊維製品の基礎知識、衣生活の現在を学びながらグループワークで意見をまとめ、プレゼンテーション形式で発表する課題解決型の演習授業である。履修者は「シニアファッション」「地域産業」「衣料品廃棄問題」「エシカル消費」「サステナブルファッションの認知向上」などのテーマに取り組んでいる。2023年度はこれまでの衣生活について理解を深めた上で、ファッション産業におけるDXの現状とデジタルファッションについて学び、履修者に考える機会を与えた。「ファッション産業でDXがより活発化することで、どんなサービスが快適な衣生活をもたらすと考えるか」という質問に対し、自由にコメ

ントを寄せてもらった。

　履修者 A さん

　　　店舗に足を運んで実際に手にとって触ってみたり、試着してサイズを確かめたりすることができなくても、DX や AI 技術で気軽で簡単に購入が済んでしまう。忙しい人や外出が難しい人、高齢者など全ての人が平等に衣服を手に入れることができる。また、店舗で人の目を気にすることがなくなると思う。

　履修者Bさん

　　　自分は洋服をあまりオンラインで買いません。理由として、サイズ感に確信が持てないからです。なので、AI モデルを作れるくらいなら自分の身体を読み込んでもらいデジタル試着ができるようになれば EC 需要がかなり上がり、購入者がふえ、売上も伸びると思う。また、購入ミスが減ると思うので環境問題的にも良いと思う。

　履修者は DX を用いた試着システムの進化や EC サイトの発展に肯定的で期待感を持っており、利便性の高いサービスの一環としてとらえていることがわかる。また、デジタルファッションが現実の着装行動を拡充する手段として身近になると理解していた。

5　次世代のファッション産業とデジタルファッションの未来

　Z 世代と呼ばれる、10代後半から20代前半の若者たちの衣服に対する購買行動には次のような特徴が挙げられる。彼らは幼い頃から家族と EC サイトを検索し、スマートフォンや PC で注文すれば当日や翌日に届く経験をしている。ファッションに関心を持つ思春期には既に EC と実店舗が連携され、オムニチャネルで効率的な購買行動をすることが日常となっている。彼らは衣服を購入する際は EC と実店舗のメリット・デメリットを理解しつつ、状況や心境に合う方法を的確に選択することが当たり前であり、習慣となっている。そして SDGs について中高生から学ぶ機会を積極的に与えられ、課題

解決学習経験も豊富で、ファッション産業の抱える社会課題に対する関心度も高い。氾濫する流行情報を客観的に受け止め、見極めている。ただ新しい衣服を次々に求めるのではなく、古着やアップサイクルされたアイテムを自分らしさの表現手段として選択する傾向もみられる。変化が激しく情報が錯綜する現代社会では、マスメディアや SNS によって伝播される最新スタイルが必ずしも自分にとって最適解ではないと感じとっているようにも見える。　蘆田は「私たちは衣服から逃れることはできない。この先、私たちの生活が完全にヴァーチャル空間で完結することになったとしても、それは変わることのない原則である。」（蘆田 2021: 157）と述べているが、デジタルファッション自体は定義や機能、役割を変化させていくことも予想される。しかし、幼い頃から多様な価値観を受け止める Z 世代の彼らは、あっという間にデジタルファッションを理解し、楽しむことができるはずだ。さらに、マーク・マクリンドルは2010年以降に生まれた子どもたちを「Generation Alpha」（McCrindle and Fell, 2021）（日本語ではアルファ世代）とし、「アルファ世代はポータブル・デジタルデバイスの時代に形成された最初の子ども世代」（McCrindle and Fell, 2021: 49, 引用者訳）と解説している。日本のアルファ世代の遊びかたを見てみると、着せ替え人形や友だちと交流する広場は既にバーチャル空間に存在している。ファッションへの接し方も、彼らにとって衣服は自分が「着るもの」であるが、同時にソーシャルゲームなどで入手するアイテムであり、キャラクターに「着せるもの」でもある。触れることができる衣服と触れられないデジタルファッションが、非常に幼い頃からアルファ世代の子ども達の感覚には共存している。

　Z 世代とアルファ世代がファッション産業を牽引する中心層となる未来はすぐに訪れる。デジタルファッションを通して、彼らは今までにない着ることの価値変容を起こすかもしれない。着ることの価値変容は衣食住という人間の根幹を刷新し、新たな生活文化を創造する可能性は非常に大きいと考えられる。

〔引用・参考文献〕

蘆田裕史（2021）『言葉と衣服』アダチプレス.

CLO Virtual Fashion Inc.「CLO」web サイト（2023）https://www. clo3d.com/ja（2023 年11月4日閲覧）

CLO Virtual Fashion Inc.「Marvelous Designer」web サイト（2023）
https://www.marvelousdesigner.com/ja（2023年11月 4 日閲覧）

Doug Stephens（2021）*RESURRECTING RETAIL : The Future of Business in a Post-Pandemic World*. Vancouver, Figure 1 Publishing Inc.（斎藤栄一郎訳『小売の未来：新しい時代を生き残る10の「リテールタイプと消費者の問いかけ」プレジデント社 .）

Dominic Mclver Lopes, Bence Nanay, Nick Riggle（2022）*Aesthetic Life and Why It Matters*. Oxford University Press.（森功次訳, 2023,『なぜ美を気にかけるのか：感性的生活からの哲学入門』勁草書房: 19_50.）

外務省（2023）「Japan SDGs Action Platform」
https://www.mofa.go.jp/mofaj/gaiko/oda/sdgs/about/index.html（2023年10月24日閲覧）

JETRO（2023年 4 月21日）「ビジネス短信 縫製工場「ラナプラザ」崩落事故から10年」
https://www.jetro.go.jp/biznews/2023/04/5a4f2b573713d8dd.html（2023年10月24日閲覧）

Joanne Entwistle.（2000）*The Fashioned Body: Fashion,Dress and Modern Social Theory*. Cambridge, Polity Press.（鈴木信雄監訳, 2005,『ファッションと身体』, 日本経済新聞社 .）

株式会社ビームス web サイト（2023年 7 月28日）「イベント：BEAMS がバーチャルファッションイベントを開催、ランウェイを舞台に着こなしを競うコンテストやパーティーなど」https://www.beams.co.jp/company/pressrelease/detail/673（2023 年11月 4 日閲覧）

株式会社島精機製作所「SDS-ONE APEX シリーズ」web サイト（2023）https://www.shimaseiki.co.jp/product/design/（2023年11月 4 日閲覧）

株式会社 ZOZO NEXT web サイト（2023年 8 月17日）「ニュース：ZOZO NEXT、デジタルファッションブランド「REVINAL」を立ち上げ、デジタルで着用を楽しめるファッションアイテムを「DRESSX」にて 8 ／17（木）から販売開始〜バーチャルファッションプロジェクト等での知見を活かし10点のアイテムをラインナップ〜」

https://zozonext.com/news/20230817_revinal（2023年11月4日閲覧）

経済産業省（2023年1月12日）「「Web3.0時代におけるクリエイターエコノミーの創出に係る調査事業」の実証事業イベント第2弾を実施します」https://www.meti.go.jp/press/2022/01/20230112001/20230112001.html（2023年11月6日閲覧）

経済産業省（2023年3月31日）「ファッションローガイドブック2023について」https://www.meti.go.jp/shingikai/mono_info_service/fashionlaw_wg/20230331_report.html（2023年11月1日閲覧）

Mark McCrindle and Ashley Fell with Sam Buckerfield（2021）: *Generation Alpha: Understanding our children and helping them thrive*. London, Headline Home.

クラスター株式会社「メタバース・プラットフォーム cluster（クラスター）」webサイト（2023）https://cluster.mu/（2023年11月4日閲覧）

森川夢佑斗（2022）『これからのNFT』エムディエヌコーポレーション.

小形道正（2013）「ファッションを語る方法と課題─消費・身体・メディアを超えて─」社会学評論63（4）: 487-502. https://www.jstage.jst.go.jp/article/jsr/63/4/63_487/_pdf（2023年11月4日閲覧）

大村邦年（2017）『ファッションビジネスの進化：多様化する顧客ニーズに適応する、生き抜くビジネスとは何か』晃洋書房.

ピクシブ株式会社「Vroid WEAR」webサイト（2023）https://vroid.com/wear（2023年11月4日閲覧）

Rakuten Fashion Week TOKYO webサイト（2023年8月）「イベント：ジェネレーティブAIとファッションの未来」https://rakutenfashionweektokyo.com/jp/the37th/event/generativeai.html（2023年11月4日閲覧）

東レ ACS 株式会社「CREACOMPO®II」webサイト（2023）　https://www.toray-acs.co.jp/products/creacompo2/（2023年11月4日閲覧）

冨田明美編著（2012）『生活科学テキストシリーズ 新版アパレル構成学 着やすさと美しさを求めて』朝倉書店.

鷲田清一（1996）『モードの迷宮』ちくま学芸文庫.

第10章　「絵本の持ち聞かせ」の提案

松岡　陽・宮田　学

1　なぜ「読み聞かせ」ではなく「持ち聞かせ」[1]なのか

（1）絵本独自の特徴

　絵本と似たメディアコンテンツとしてマンガ、アニメーションや映画が挙げられる（表1）。絵本の一番の特徴は、書籍というメディアの形態と密着した（基本操作[2]を活用して視覚効果が生まれるように考慮された絵本）構成デザインにある。基本操作の一般的な視覚効果は表2の通り。

　マンガ、アニメーションや映画には、方向性がなく、画像や動画を一枚の絵として順に表示するため、容易にデジタル化が可能である。つまり、形態としての本は不要と考えられる。一方、基本操作を活かした視覚効果（方向性）が存在する絵本では、基本操作を各ページの絵に連動した（視覚効果が生まれる）形でデジタル化する必要がある。VRのような手法を取れば可能かもしれないが、現時点では、絵本がデジタル化しにくい要因になっている。つまり、形態としての本が必要不可欠である。

表1　メディアコンテンツとメディア

メディアコンテンツ （本質的に価値のある情報・内容）	メディア （情報を伝えるための媒体・手段）
絵本	書籍、電子書籍
マンガ	書籍、電子書籍
アニメーション、映画	テレビ、動画

筆者作成

　これらの絵本独自の視覚効果を十分に味わうためには、基本操作を読者自身が主体的に行う必要がある。「読み聞かせ」では、話者（読み聞かせている人）が、絵本の基本操作を行ってしまうため、読者（読み聞かせられている子ども）

表2　基本操作と視覚効果

基本操作	視覚効果
ひらく	・扉をひらいてお話の中へ入る（表紙）。 ・物語の中で、たて方向・横方向の空間の拡がりを表現。
めくる	・お話しを（時間的に）進める。 ・登場人物が（空間的・地理的に）移動する。右めくり[3]では右（順）方向へ、左めくり[3]では左（順）方向へ移動する。 ・イベントや、問題が発生するとき、右めくりでは左（逆）向きの絵、左めくりでは右（逆）向きの絵になる。
とじる	・扉をとじてお話の世界から出る（裏表紙）。

筆者作成

の視覚効果は皆無ではないが薄く弱い。この点を考慮して、「持ち聞かせ」では従来の「読み聞かせ」とは異なり、基本操作を読者自身が主体的に行う。

（2）「持ち聞かせ」とは

　「持ち聞かせ」とは、基本操作を読者自身が主体的に行う動作に加え、従来の「読み聞かせ」と同様に話者に文章を読んで聞かせてもらう。実際には、話者は読み聞かせのような絵本の基本操作を必要としないため、音声の提供のみで良い。

　「持ち聞かせ」では、表4にある従来の一般的な絵本読みのように①基本操作（ひらく・めくる・とじる）による視覚効果を大切にする。一方では、読み聞かせのように②お話を聞くことで文章に引きずられないで絵を十分に楽しむことができる。

表3　従来の絵本の楽しみ方

	絵本読み[4]	読み聞かせ
文章	（読者が）読む	（話者が）読む
基本操作	（読者が）行う	（話者が）行う
視覚効果	基本操作による視覚効果あり	基本操作による視覚効果は弱い
	読む（文字に引きずられる）	聞く（絵に集中）

筆者作成

表4　新しい絵本の楽しみ方

	絵本読み	持ち聞かせ	読み聞かせ
文章	読む	（読者自身が）読む	
基本操作	（読者自身が）行う		（読者自身は）行わない
視覚効果	基本操作による 視覚効果あり		基本操作による 視覚効果は弱い
	読む（文字に引 きずられる）	聞く（絵に集中）	

筆者作成

　これら2点を共有できる新しい絵本の楽しみ方として「持ち聞かせ」提案する。

（3）日本独自の言語文化が果たす役割

　日本語は、よこ書き・たて書きの両方に対応しているが、世界的にはよこ書きが多く、たて書き絵本は日本独自の文化と考えられる。日本語では、たて書き絵本独自の視覚効果も、よこ書き絵本と同様に両方十分に楽しむことができる。しかし、よこ書き言語の文化に育つ子どもたちは、たて書き絵本独自の視覚効果は経験できない。

　なぜなら、たて書き絵本をよこ書き言語に翻訳し、各ページの絵はそのままに、装丁を右綴じから左綴じに変更しただけでは、右綴じ本来の基本操作に依存する視覚効果は無い。視覚効果まで考慮して、よこ書き絵本に作り直すことは絵の書き直しを意味し、「不可能」である。現実として、日本語でしか楽しめない「たて書きの絵本」が存在しているということである。

　「持ち聞かせ」では、よこ書き言語に翻訳した音声を提供する。これは、たて書き絵本を横書き修正することや、綴じ直すこと、さらに絵を書き直すこと等、書籍に修正を一切加えることなく、たて書き絵本をそのまま楽しむことができる。音声を各国の言語で翻訳・作成することにより、日本語が読めなくても、日本独自の「たて書き絵本」の文化を世界の子どもたちに楽しんでもらえると考える。

2　持ち聞かせの実践

（1）電子書籍及びアプリの事例

　我々の概念とは違うが、以下に例を紹介する。創元社が出版した「はたけの絵本[5]」（2022）では、各ページの見開き左下に、QRコードが掲載されている。各ページを開くたびにこのQRコードを読み取り、再生操作をすることで見開きページ単位で朗読が楽しめる。

　しかし、ページ毎の再生操作は次のページに連動する「めくる」という感覚ではなく、各ページを毎回「ひらく」という感覚になる。つまり、次のページに進む際に、読者に対してQRコードを毎回読み取らせる作業が入ると、基本操作はもちろん、絵の視覚効果（方向性）が失われる状態にあると言える。絵本本来の楽しみ方であるページをめくったり、ページをとじたり、絵を見て方向性を楽しんだりすることが出来なくなってしまうことが懸念すべき点である。

　別の例として、絵本アプリ「PIBO（ピーボ）[6]」についても少し触れておく。これは、株式会社 ever sense（エバーセンス）[7]が親子間でのコミュニケーションを図る目的で開発したアプリである。特徴としては、プロの絵本作家が手掛けるオリジナル絵本や、プロによる読み聞かせ、360冊以上の絵本の中から無料で読みたい絵本を選択できるというものだ。親子向け絵本アプリは他にも多数存在するが、先述のように、電子書籍は「めくる」という感覚ではなく、指先で「タップ」「スクロール」して「ひらく」という感覚で、次のページを進める。これでは、基本操作はもちろん、絵の視覚効果（方向性）が失われていることになる。

（2）音声とページの同期

　「持ち聞かせ」は、話者が音読し、読者が絵本を手に持って、自ら基本操作をすることを目的とし、今までにない新しい絵本の楽しみ方としている。そのため、音声（話者）とページ（読者）の同期については、慎重な検討が必要であり、各ページの文章に依存しない形で次のページに連動するような「めくる」という操作が必要である。

　また、「持ち聞かせ」では、文字の読めない子どもや幼児を対象とするため、以下の３点を重視する。

①ページ数を数字と音声で表す同期方法は使用しない。

②音声のイメージと絵のイメージがリンクできる同期方法を活用する（図1）。

③文字の読めない子どもや、幼児がイメージすることができ、その上で同期の方法が楽しいこと。

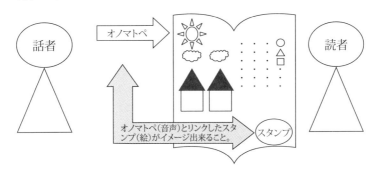

図1　音声のイメージと絵のイメージがリンクできる同期方法

　この３点に重点をおき、オノマトペを使って音声イメージと絵のイメージをリンクさせ、さらにページ数を表現する方法を同期の方式として提案する。

　持ち聞かせの実践では、音声とページの同期を図る工夫の一つとして、親しみやすい動物の鳴き声でページと同期する方法を試みた。創元社方式のようにページをめくる毎に音声を再生する操作とは異なり、この方法では音声を一括収録できるため、読者は物語から離れることがなく、持ち聞かせで一番重要な絵本の基本操作（めくる・視覚効果）が可能になり、「めくる」操作と同期の仕組みが互いの利点を阻害していないことが分かる。

　ページの表現については、ローマ数字（Ⅰ、Ⅱ、Ⅲ…）を動物に置き換え、ページの下に該当ページ数を表す動物のページスタンプを貼る。世界的に認知の高い動物を４種類選定する。例えば、①イヌ（ワン）→②ネコ（ニャー）→③ネズミ（チュウ）→④ヒツジ（メー）の４種類の動物である。４種類の動物の組み合わせでは、ページ数（見開き単位）として１ページ〜89ページ（見開き単位）が表現でき、３種類でも１ページ〜39ページ（見開き単位）と絵本としては十分なページ数が表現できる（別紙参照）。

（3）音声の作成方法・手順

　スマートフォンのビデオ機能を使用して読みのみ録音する（カメラ機能は伏せて音声のみ録音）。読みデータ（MP4ファイル形式）は、YouTube 等に掲載が可能。

　YouTube 等に掲載した URL を、無料の QR コード作成サービス[8]を活用し、QR コードを発行する。スマートフォンのビデオ機能を使用すれば、録音した音声データは自動的に MP4ファイル形式になり、YouTube に掲載することが可能になる。

図2　QR コードの一例

表5　音声作成の手順

読み	内　　容
導入	手順1 「お約束　動物の鳴き声が聞こえたらページをめくってね。文字は気にしないで絵を楽しんでね！（元気よく）」 手順2 「はじまり　はじまり」 手順3 「タイトル→著者名」の順に本扉を読みあげる。
物語	手順4 本扉をめくり1ページ目の動物の鳴き声（1ページ目なら"ワン"）を言う（別紙参照）。 （少し間をおく） 手順5 「物語を読み始める」 手順6 各ページを読み終わったら、次のページの動物の鳴き声（2ページ目なら"ワン""ワン"）を言って次のページの物語を開始（別紙参照）。
	手順7 最後「おわり」は言わない。 （少し間をおく）
出口	手順8 「第〇回　矢祭もったいない図書館[9]　手づくり絵本コンクール[10] 入賞作品」と言って終了。

3　絵本が持つ書籍としての価値

　表6は、植松ら（2013）が出版した『現代図書館情報学シリーズ6　児童サービス論1-2表「読書能力の発達段階」』から抜粋した「読書興味の発達段階」を表すものである。子どもたちの読書能力の発達については、「前読書期」「読書入門期」「初歩読書期」「多読期」「成熟読書期」の5つの段階が提案されており、読書能力の発達には、読書興味の発達が密接に関係していると提唱している。特に、第一関門は3～4歳にあり、この時期が前読書時期から読書入門時期の変革期にあたり、本に親しませることが重要な時期であるとしている。また、第二関門は、小学校3年生～4年生にあり、初歩読書期から多読期への変革期にあたり、読書に関わる様々なイベント・行事等、読書の興味の幅を広げることが重要な時期であるとしている。さらに、第三関門は、中学校1年生～2年生にあり、多読期から成熟読書期への変革期にあたり、読書によって内面の充実や感動を求める時期であるとしている（植松ら2013）。

表6　読書興味の発達段階

段階　年齢・学年	読書能力
前読書期 （～4歳）	話ことばで通信をしている段階。文字の存在を意識し、<u>絵本に興味を示す</u>。
読書入門期 1) 読みのレディネス促進期 （4～5歳）	<u>読み聞かせをせがむ時期</u>。「この字は何という字？」などと親に尋ね、字を覚えていく。なぞなぞなどのことば遊びが好きになってくる。
2) 読書開始期 （5～6歳）	かな文字が全部読めるようになる時期。1字ずつの拾い読みのため、時間がかかる。今まで読んでもらっていた本を自分で読もうとする。
初歩読書期 1) 独立読書開始期 （小学校1年生1学期）	意味が簡単で、未知の語があまり出てこない文章を、ひとりで読み始める。<u>速度は遅いが、読むことは楽しいことを実感</u>する。
2) 読書週間形成期 （小学校1年生2～3学期）	<u>本を読む習慣がつき始める時期</u>である。語彙の量が増え、新しいことばが出てきても、推測しながら文意をつかむことができる。<u>文字で表現された場面や情景をイメージすることができるようになってくる</u>。

3）基礎読書力成熟期 （小学校2〜3年生）	初歩の読書技術（円滑な眼球運動、正確な行替がえ、1回の目の停留による把握文字数の増加等）が身につく時期である。本を終わりまで読み通すことができるようになる。また、<u>自分の考えと比較しながら読む</u>といった、<u>創造的な読み方ができるようになる</u>。
多読期 1）無差別多読期 （小学校4〜5年生）	読書技術が発達して多読になり、<u>目的に応じた読書ができる</u>ようになる時期。自発的になんでも読むようになるが、本の選択はまだ不十分である。理解と記憶がよくなり、読みの速度も大幅にアップする。参考資料や新聞をうまく利用できるようになる。
2）選択的多読期 （小学校5年生〜中学校1年生）	語彙の量が飛躍的に増加する。また、自分のニードに合った読書材を適切に選択することができるようになる。内容を評価したり、鑑賞することができる。文章の内容によって読む速度を調整できるようになる。<u>この段階で発達がとまる者、以後かたよった面だけが発達するものが出てくる恐れがある</u>。
成熟読書期 1）共感的読書期 （中学校2年生〜高校1年生）	読書による共感を求めて、それに適合する読書材を選択する。多読の傾向は減少し、共感したり、感動する本に出会うと、何度も読むようになる。
2）個性的読書期 （高校2年生以上）	読書の目的、資料の種類に応じて、適切な読書技術によって読むことができる成熟した読書人としての水準に達する時期である。学術論文等も読むことができるようになる。

（出典：「現代図書館情報学シリーズ6　児童サービス論」1-2表「読書能力の発達段階」から抜粋）

　同書籍の中では、「読みの能力を発達させるためには、聞く能力を発達させる必要があり、この点で、読み聞かせは子どもたちのその後の読書にとって非常に重要なものである」と述べている。このことから、なるべく早い段階から絵本に触れ、「持ち聞かせ」を実施することは、子どもたちの読書能力を発達させるために意味のあることだと分かる。

　また、「活字離れに関する調査（2022）[11]」では、20代・30代になると、「活字離れ」を感じている人は約8割にものぼることが分かった（図3）。

　同調査では、幼い頃（0歳〜小学2年生頃まで）、絵本や本を読む習慣があったかを聞いたところ、「あった」が54%、「なかった」が46%で、「あった」が少し上回る結果であった。「幼い頃の本を習慣」と「活字離れ」の関連性

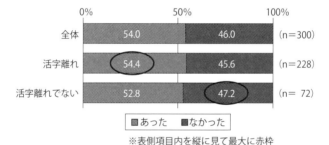

とても活字をふれる機会が増えた	3.0%	活字離れで
どちらかといえば活字にふれる機会が増えた	21.0%	ない24%
どちらかといえば活字離れをした	46.7%	活字離れ
とても活字離れをした	18.0%	76%
そもそも活字（新聞・書籍など）を読まない	11.3%	
全体	100.0%	

(n＝300)

図３　活字離れの割合グラフ

（出典：株式会社統計分析研究所アイスタット公式 HP「活字離れに関する調査」図１より抜粋）

のデータを見ると、「活字離れ」は、習慣が「あった」と回答した人は54.4%、「活字離れでない」は、習慣が「なかった」と回答した人は47.2%であった（図４）。

図４　「幼い頃の本を習慣」と「活字離れ」の関連性

（出典：株式会社統計分析研究所アイスタット公式 HP「活字離れに関する調査」図11 より抜粋）

つまり、幼少期に絵本や本に触れる瞬間が少なかったと言える。

一方で、以下のような調査結果もある。全国学校図書館協議会が行った「学校読書調査[12]」で、「今年５月に本を１冊も読まなかった「不読率」は、小学生7.0%、中学生13.1%、高校生43.5%だった。中学生は前年から5.5ポイント減、高校生は7.6ポイント減と大きく改善した」というデータがあり、中高生の不読率は改善傾向にあるという。

同調査では、電子書籍の読書経験がある4,900人に「紙の本と電子書籍のどちらが読みやすいか」を調査したところ、物語や小説は「紙の本」と回答した小学生が39.5%、中学生が38.5%、高校生が42.8%で、「電子書籍」「ど

ちらも同じ」を上回っている結果となった。また、図鑑や辞典・事典も「紙の本」だったが、「マンガ」は「電子書籍」のほうが読みやすいという割合が高かった。コメントの中では、群馬大学の柴田博仁教授が「内容をきちんと理解したい図鑑・辞典や想像力を働かせながら読む小説は、ページを行き来しながらじっくり読める紙の優位性を感じているのだろう」と分析している。これは、図鑑や辞典、小説だけではなく、絵本についても同じことが言えるだろう。

　絵本の付加価値をつけるためには、「初版版／第１刷りにする」「装丁を高級にする」ことが考えられる。だが、絵本の価格は通常の漫画や文庫本よりも値段が高いため、これ以上の付加価値を付けることは現実的ではない。それでは絵本の書籍としての価値とは何だろうか。

　ジェーン（2013）は、「「ページをめくる」ということこそ、絵本という形式だけが持っている特徴」と述べている。また、柴田（2020）は、「物理的なモノとしての特徴に支えられた紙の利点は、他のメディアにより簡単に置き換えができない。それは、モノの物理的特性を電子的に模範することが難しいため」と述べている。また、「モノの触覚・力覚を電子的に再現するバーチャルリアリティー（VR）の研究開発も進められているが、紙文書と同レベルの操作性を実現するにはもう少し時間がかかるだろう」と指摘している。さらに、紙の扱いやすさについて「紙に情報を乗せることで、紙は触ることのできない抽象的な情報を手で操作できる物理的実体（モノ）にすることができ、紙の整理は情報の整理になり、紙の移動は情報の移動になる」と説明しており、これこそが本来の紙が持つ価値ではないだろうか。実際に私たちも、元々絵本が持っている性質「（表紙を）ひらく・（ページを）めくる・（ページを）とじる」や、「基本操作・方向性」そのものこそ、絵本だけが持つ書籍としての価値ではないかと考えている。また、絵本は、マンガ・小説等とは違い、文字や言葉で説明するのではなく、「絵」が文字や言葉を補って説明しているところも魅力の一つであると言える。

　この章では、絵本の持ち聞かせについて述べてきたが、絵本の視覚効果を十分に楽しむためには、以下の3点を忘れてはならない。

　① 一人の絵本読みにおける主体性を大切にする。

　② 読み手がいる持ち聞かせでは、子どもの読みのスピードを確認しなが
　　ら、動物の鳴き声でページを捲ることを促す。

　③ ①②の観点から音源による持ち聞かせは最善ではないが、文字を読め
ない幼児や外国の子ども等が視覚効果を意識し、一人でも絵本を楽しめる可
能性がある。

　つまり、絵本を楽しみながら読む方法としては、①読み聞かせ（読み手あり）
②持ち聞かせ（音源）③持ち聞かせ（読み手あり）④一人で絵本読み（文字が
自分で読める）の４つに分類され、視覚効果が期待されるのは、①＜②＜③
＜④と考えられる。

　短い物語の絵本では、約3分程度で読むことができる。そもそも本があま
り好きではない子ども、小説を読むのが苦手な子ども、子どもたちだけでな
く大学生、忙しくて本を読んでいる時間がなかなか取れない大人等、あらゆ
る世代に読書を始めるきっかけの一つとして絵本を手に取ってじっくりと読
んでもらいたい。そうすれば、今よりもっと心を豊かにすることができるか
もしれない。

注

1　「持ち聞かせ」とは著者の造語である。基本操作を読者自身が主体的に行うこと。
2　「基本操作」とは、「絵本を持ち、（表紙を）ひらく・（ページを）めくる・（裏表紙を）
　　とじる」ことを呼ぶ。
3　右（左）めくりとは、右下（左下）のページをめくること。
4　絵本を一人で楽しむ通常の読み方のこと。
5　創元社が出版した電子書籍。
6　株式会社エバーセンスが開発した親子間のコミュニケーションを図る目的とした絵
　　本アプリ。
7　妊娠アプリ「ninaru」をはじめ、妊活／妊娠・出産／育児／ライフスタイルの領域
　　で様々なアプリや WEB サービスを提供している会社。
8　CMAN インターネットサービスが、IT 技術者向けに情報公開やサービス提供をし
　　ている中の一つに無料で QR コードを作成できるサービスがある。
9　2007年に開館した福島県東白川郡矢祭町にある図書館。全国から寄贈された蔵書が
　　ある。
10　「自然・友情・心の大切さと、夢と希望がいっぱいつまった手づくり絵本」をテーマ
　　に全国から絵本作品を募集し、「子ども読書の街・矢祭」を発信している。著作権利用

については矢祭もったいない図書館から承諾を得た。

11　統計分析研究所アイスタットが活字離れの実態および要因を知る目的として実施している調査のこと。

12　全国の小・中・高等学校の児童生徒の読書状況について毎年実施されている調査のこと。

〔引用・参考文献〕

植松貞夫・鈴木佳苗・岩崎れい・河西由美子・高桑弥須子・平澤佐千代・堀川照代 (2012)『現代図書館情報学シリーズ6　児童サービス論』樹村房.

ジェーン・ドゥーナン／正置友子・灰島かり・川端有子訳 (2013)『絵本の絵を読む』玉川大学出版部.

いわむらかずお (2022)『はたけの絵本』図書出版創元社公式ホームページ (2023年10月31日取得　https://www.sogensha.co.jp/productlist/detail?id=4420 (sogensha.co.jp)).

絵本アプリ PIBO 公式ホームページ (2023年10月31日取得　https://pibo.jp/search (pibo.jp)).

株式会社エバーセンス公式ホームページ (2023年10月31日取得　https://eversense.co.jp/, Inc.)

株式会社統計分析研究所アイスタット「マンスリーレポート　活字離れに関する調査 (2023年10月31日取得 https://istat.co.jp/investigation/2022/08/result 調査)

全国学校図書館協議会 (2022)「第67回学校読書調査」公益財団法人 全国学校図書館協議会公式ホームページ (2023年10月31日取得 https://www.j-sla.or.jp/material/research/dokusyotyousa.htmlj-sla.or.jp))

『読売新聞』小説・図鑑「紙の本」で 学校読書調査 小中高生支持. 2023-10-28, 朝刊, 文部科学省 (2018)「発達段階に応じた取組について (過去の会議資料より)」1-11 (2023年10月31日取得　https://www.mext.go.jp/b_menu/shingi/chousa/shougai/040/shiryo/__icsFiles/afieldfile/2017/11/16/1398149_005.pdf (mext.go.jp)).

文部科学省 (2018)「子供の読書活動の推進に関する基本的な計画」1-32.

矢祭もったいない図書館公式ホームページ (10月31日取得　http://www.mottainai-toshokan.com/ an.com)

柴田博仁 (2020)「メディアと読み書きの認知科学」『日本画像学会誌』第59巻第2号 204-211.

安藤裕・柴田博仁 (2020)「読書中の行為にもとづく読みの支援方式の検討」『日本知能情報フィジ学会誌』Vol.32, No5, 831-840.

別紙　動物の鳴き声とページスタンプの関係性

ページ数	鳴き声	ページスタンプ
1（Ⅰ）ページ	「ワン」	
2（Ⅱ）ページ	「ワン・ワン」	
3（Ⅲ）ページ	「ワン・ワン・ワン」	
4（Ⅳ）ページ	「ワン・ニャー」	
5（Ⅴ）ページ	「ニャー」	
6（Ⅵ）ページ	「ニャー・ワン」	
7（Ⅶ）ページ	「ニャー・ワン・ワン」	
8（Ⅷ）ページ	「ニャー・ワン・ワン・ワン」	
9（Ⅸ）ページ	「ワン・チュウ」	
10（Ⅹ）ページ	「チュウ」	
11（Ⅺ）ページ	「チュウ・ワン」	
・・・	・・・	・・・
18（ⅩⅧ）ページ	「チュウ・ニャー・ワン・ワン・ワン」	
19（ⅩⅨ）ページ	「チュウ・ワン・チュウ」	
・・・	・・・	・・・
39（ⅩⅩⅩⅨ）ページ	「チュウ・チュウ・チュウ・ワン・チュウ」	
40（ⅩL）ページ	「チュウ・メー」	
・・・	・・・	・・・

第11章　素人化するアイドル、アイドル化する素人
──SNS時代における「エンタテインメント」──

山口　達男

1　はじめに

　日本のアイドルは現在、岐路に立たされている。事実、創業者による性犯罪があらためて告発されるという英雄的行為に端を発した旧ジャニーズ事務所（現 SMILE-UP.）をめぐる騒動は、所属するアイドルたちに大きな転換を迫った。彼らは今後、新設された STARTO ENTERTAINMENT と個別にエージェント契約あるいはマネジメント契約を締結した上で、自ら活躍の場を見出していかなければならなくなる。これは同時にエージェント契約のもとで活動する芸能人が大量に発生することをも意味する。他のタレントからも同種の契約を希望する者が増えたり、そうした者たちによる労働組合の結成もなされたりするだろう。また芸能事務所による人権侵害が発覚するたびに、この先も今回と同様の措置──所属タレントの排除──を各企業は行なうはずだ。でなければ、組織の姿勢として一貫性を保てない。それゆえアイドルをはじめとするタレントを広告などに用いること自体がリスクとなり、将来的には AI によって生成された CG キャラクターが広く登用されていくことも予想される[1]。それに伴い廃業や規模縮小に至る芸能事務所も現れてくるに違いない。本章校正時点（2024年1月）においてこれらのことを指摘する報道は管見のかぎり見受けられないが、ジャニーズの解体は日本の芸能界に根本的な変革を及ぼすインパクトがあることは特記しておくべきだろう。もちろん、旧ジャニーズ事務所が被害者に対する救済と補償を貫徹し、新会社においても再発防止策の確立とその徹底がなされなければならないのは言うまでもない。

　だがこうした事情とは別に、ここでは「アイドル」それ自体が成立困難だということを述べていきたい。なるほど、「アイドル」と称される人物やグ

ループはいまだ健在だし、新たな「アイドル」も誕生し続けている。「ドル
オタ」のスラングに由来する「推し」という語が人口に膾炙し、「推し活」
は経済活動として重要視されてもいる。にもかかわらず、アイドルはもはや
"オワコン"である。その理由を論じるにあたり、まずは「エンタテインメ
ント」が置かれている現在地について指摘しておかなければならない。アイ
ドルの"オワコン"化は、エンタテインメントの変容と深く関係しているか
らだ。

2　エンタテインメントとは何か

　そもそも「エンタテインメント」（entertainment）とは何だろうか。「娯楽」
を意味するこの語は、「遊戯」（play）とともに上位概念として「余暇」（leisure）
を構成しており、また余暇は「労働」（labor）を対概念とする（井上 1977,
1995）。つまり労働時間ではないのが余暇であり、そこで行なわれる活動と
して娯楽と遊戯がある。われわれは実際、仕事に従事していない時間にテレ
ビ番組や映画、アニメなどのエンタメ作品に享楽している。ただし娯楽が余
暇に位置づけられるのは、それを観賞する「観客」の場合のみである。娯
楽を提供する側の「演者」にとってそれは、賃金を得て生計を成り立たせる
「労働」だからだ。一方で観客にとって娯楽は、「日常」での労働から区別さ
れた「非日常」を味わうことで、仕事で疲弊した心身をリフレッシュさせ、
次の日常を乗り越えるための活力を与えてくれる「気晴らし」として機能す
る[2]。「娯楽」とは「演者／観客」という固定的かつ非対称な関係に基
づく「経済的活動＝産業」であると同時に、前者によって「生産」され、後
者によって「消費」される「商品」でもあるということだ。
　しかし、われわれが「エンタテインメント」と聞いて通常思い浮かべるコ
ンテンツの多くがマスメディアを通じて提供されており、またタレントが
出演者として参加していることを想起するならば、そこには「マスメディア」
と「芸能」の共犯関係も看て取れる。したがって「演者／観客」の役割分化
だけでなく、マスメディアと芸能の構造的特徴が結合していることもエンタ
テインメントの成立要件だと言えよう。では、両者にはどのような特徴が窺
えるのであろうか。

　大黒岳彦によれば、マスメディアは円錐型のコミュニケーション・パターンを実現する（大黒 2010）。つまり、放送局や新聞社、出版社などの「マスコミ各社」が頂点に、視聴者や購読者となる「大衆」が底面に据えられ、頂点から底面に向かって情報が一方向的に発信されていくという構造的特徴がマスメディアにはある。このとき情報の発信は前者にだけ与えられた特権であり、後者は情報の受信しかできないという非対称的で固定的な役割分化がなされている。それゆえマスコミ各社は「権威＝著者」として大衆に対峙する³。この構造に則るかたちで、マスメディアでは大衆に向けて同じ内容・品質の情報を大量に伝達する「マス・コミュニケーション」が、そこでのコミュニケーション・パターンとして確立されていく（図1）。

マスコミ各社
（放送局，新聞社，出版社 etc）

大衆
（視聴者，購読者）

図1　マスメディアのコミュニケーション・パターン

（大黒 2010 をもとに筆者作成）

　「芸能」についても同様の特徴が看取できる。「芸能事務所」がオーディションやスカウト、書類選考などを経て発掘し、演者として育成した「芸能人」たちを、観客である「ファン」に届けるという過程がそこでは生み出されているからだ。すなわち、芸能事務所を頂点に、ファンを底面に定位させる円錐型の構造が芸能でも形成されており、前者から後者へと一方向的に届けられていくものとしてタレントは存在する。したがって、ファンにとっての芸

能事務所は、タレントを養成して送り出す特権的な役割を担う「権威」として位置しており、両者はやはり非対称的で固定的な関係にある[4]。

　ところで、エンタメ作品の典型であるテレビ番組が放送局によって生産され、大衆によって消費される「商品」だということは言を俟たない。そのため放送局は、番組を多様性豊かにすることで商品価値を高めていく「販促（プロモーション）」を実践しなければならず、それを果たすために多種多様なタレントの起用（キャスティング）がなされている。他方、芸能事務所にとってタレントは自分たちと契約している「労働者＝演者」であるとともに、「消費者＝観客」から利益を回収していく「商品」でもある。それゆえ所属タレントがテレビ番組にキャスティングされると、マス・コミュニケーションに基づいて自社商品を世間に広く告げることができる。ここからは、エンタテインメントがマスメディアと芸能それぞれの思惑を満たす営為であることがわかる。だからこそ、両者の共犯関係がその成立に関与しているわけだ。しかし現在では、そうした蜜月を維持し得ない事態が出来している。

3　エンタテインメントとインターネット

　M・マクルーハンは「メディアはメッセージである」というあまりに有名な惹句（キャッチコピー）を残しているが（McLuhan 1964＝1987）、これはメディアという技術／装置によってコミュニケーションのパターンは決定され、そのパターンに基づいて社会形態が構成されるということを言い表したものだ。それぞれの時代において主導的なメディアが変遷（シフト）すれば、社会の在り方もまた異なる形態に移行（シフト）するわけである。この認識を踏まえるならば、インターネットを主導的メディアとしている現代社会＝「情報社会」は、そのコミュニケーション・パターンを基底＝規定とする社会と捉え得る。そして先述の大黒（2010）は、インターネットにおけるコミュニケーションは平面的（フラット）な関係に基づいて実践されると述べている。

　マスメディアの円錐型構造において情報発信はマスコミ各社のみの特権であり、大衆は情報の受信が許されるだけであったが、インターネットの場合、大衆はネットユーザーとして情報やコンテンツを受信するだけではなく、自らでそれらを発信することもできる。われわれがTwitterやYouTube、

Instagram、TikTok などを通じてテキストや動画像、音楽を自由に投稿で^{アップロード}きる事実を想起すれば、このことは容易に首肯できよう。そして、「発信者／受信者」の固定的かつ非対称的な役割分化が無化しているインターネットでは、「頂点」や「中心」が欠如していく。ネットユーザーであれば誰であっても情報の送受信ができるため、ユーザー間にコミュニケーション上の優劣や上下関係がなくなり、特権的な位置を占める「権威」が原理的に不在となるからだ。たしかに、政治家や経営者、オピニオンリーダー、さらには"インフルエンサー"や"セレブ"と呼ばれる者たちもネットユーザーのなかには存在している。また大手企業などの組織・団体も公式 SNS や公式チャンネルを開設することで、ネットコミュニケーションに参入している。一般的に彼ら／それらは他のユーザーよりも上位に置かれた「権威」だと認識されているが、その認識が通用するのはあくまで三次元的で垂直的な円錐型構造^{ヒエラルキー}に基づく関係のなかにわれわれが属している場合――マスメディアのコミュニケーション・パターンが社会の基底＝規定となっている場合――に限られる。つまりインターネット主導の社会にとって彼ら／それらは、そこでのコミュニケーションを駆動させ続けるための1アカウントに過ぎず、それ以外のユーザーたちと同様の地位に"格下げ"されていく。インターネットは既存の関係性を二次元的かつ水平的な様態へと再編成した上で、コミュニケー

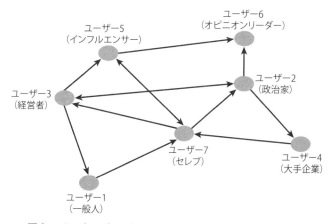

図2：インターネットのコミュニケーション・パターン

（大黒 2010 をもとに筆者作成）

ションを作動させるのだ（図2）。政治家や有名人に対してわれわれが気儘にメンションやリプライを送ることができ、場合によっては「炎上」させることすら可能であるのはこうした理由による。

　ということは、エンタテインメントの要件を成しているマスメディアと芸能の共犯関係も情報社会へのシフトによって解体せざるを得ない。これまで「権威」として大衆やファンの前に君臨してきたマスコミ各社と芸能事務所はインターネットのコミュニケーション・パターンに基づいてその地位から"格下げ"され、それが備える構造的特徴もネットの二次元的・平面的関係へと併呑されてしまうことで、エンタメ作品の提供に係る特権を喪失するからだ[5]。

　実際、ネット上ではすべての情報やコンテンツが「自主制作（セルフ・プロデュース）」されたものとしてアップロードされ、伝達されている。もちろん、YouTubeをはじめとする動画共有サイトには「海賊版」や「違法アップロード」「切り抜き動画」「ファスト映画」と呼ばれるものが投稿・公開されている。これらはすでにあるコンテンツを権利侵害的に撮影・録画・録音したものであるため、自主制作とは看做せないと訝る向きもあろう。しかし、ここでの「自主制作」とは私的に撮影・録画・録音したものをアップロードできるという行為それ自体の謂いである。したがって、既存のエンタメ作品も（権利上の是非にかかわらず）あらゆるコンテンツが自主制作に位置づけられるネットの運動に呑み込まれていく。それゆえ、それらは「商品」としてではなく「自己表現」として、あるいはインターネットでのコミュニケーションを創発したり持続させる"素材（ネタ）"として、もしくは著作権フリーのオープンソースとして扱われる[6]。

　とはいえ、再生回数やチャンネル登録者数、フォロワー数などに基づく広告収入（アフィリエイト）であったり、ライブ配信での投げ銭（ギフティング）から利益を獲得している者たちにとって、ネットコンテンツは「商品」ではないのか。そうでなければYouTuberやInstagramer、生配信者（ライバー）は"稼業"として成り立たないはずだ。しかし、こうした"ネットセレブ"の活躍を冷静にみるならば、彼らが収益化（マネタイズ）に成功しているのは、もともと"ウケ狙い"や"○○してみた"でしかなかった自己表現行為に注目（アテンション）が集まることで、そこに広告掲載や寄付（カンパ）に適

した "価値" が事後的に付加されたためだとわかる。すなわち、インターネットへのアップロード行為は本来的に「非経済的活動」としてなされている。

4　「プロ」から「アマ」へ

　ネット投稿が役割未分化な非経済的活動だという事情からは、情報社会において「娯楽(エンタテインメント)」が「遊戯(プレイ)」に転換していることを窺える。どういうことか。たとえば J・ホイジンガは「遊戯」を次のように説明する。

> 　遊びとは、あるはっきり定められた時間、空間の範囲内で行なわれる自発的な行為もしくは活動である。それは自発的に受け入れた規則に従っている。その規則はいったん受け入れられた以上は絶対的拘束力をもっている。遊びの目的は行為そのもののなかにある。それは緊張と歓びの感情を伴い、またこれは「日常生活」とは、「別のもの」という意識に裏づけられている。(Huizinga 1938 = 2019: 81)

　「鬼ごっこ」を例にしよう。まずそれは、誰かが「鬼ごっこしよう」と発言し周囲がそれに同意した時点からはじまり、誰かが「もう帰ろうよ」と発言し周囲がそれに同意した時点で終わる。その際、鬼から逃げてよい空間的範囲も定められる。また「鬼ごっこしよう」という誘いは、何者かからの強制によってではなく、誰からともなくなされる。さらに鬼ごっこが一旦はじまれば、それが終わるまでの間は「鬼に捕まった者が次の鬼になる」というルールの遵守が求められる。それゆえ、鬼ごっこが行なわれている場には日常的活動から切り離された非日常の領域が展開される。

　しかし、このような特性は娯楽にも該当する。たとえば映画は、一定の時間的範囲（上映時間）が設定されており、限定された空間（映画館）でなければ、それを堪能できない。また、どの作品を観賞するか、ひとりで観るか誰かと観るか、いつ観るかなど、その楽しみ方は自主的に決められる。その上で「私語厳禁」「スマホの電源はオフ」「前の椅子は蹴らない」といったマナーが要請されるが、先述したように娯楽は日常での労働を忘れさせる気晴らし（非日常）でもある。それでは、遊戯と娯楽は何が違うのか。もう一度、鬼ごっ

こで考えよう。

　鬼ごっこでは、鬼になる者と、鬼から逃げる者に役割が分かれている。だ が「鬼に捕まった者が次の鬼になる」というルール上、その役割は入れ替え 可能である。また鬼ごっこで遊んでいる者と、それを傍から眺めている者と いうかたちで役割が分化していることもある。ただしこの場合も、後者が前 者の輪に交じり、一緒に鬼ごっこに興じることができるため、やはり役割は 流動的ないし未分化となっている。さらに、鬼ごっこすること自体が何かし らの商品を生み出すわけではなく、そこに金銭的報酬が伴われることもない ため、それは経済的活動に位置づけ得ない。ホイジンガも述べるように、遊 戯は「どんな物質的利害関係とも結びつかず、それからは何の利得も齎され ることはない」(Huizinga 1938＝2019: 44)。この点において、遊戯は娯楽から 区別される。

　であるならば、本節冒頭で評したことの理由も納得できよう。ネットへの アップロードは何者かにのみ許された特権的行為ではなく、誰もが自由に行 なうことができ、そこに参入するかも自由である(役割の未分化)。また、ネッ トコンテンツはあくまで自己表現に位置づけられる(非経済的活動)。すなわ ち、インターネットのコミュニケーション・パターンは「娯楽(エンタテインメント)」ではな く「遊戯(プレイ)」の特徴に一致しており、それゆえ情報社会において前者は後者へ と転換していく。

　この転換は娯楽の「演者」たちにも立場の変更を迫る。情報社会の到来に よって情報の発信者／受信者という役割分化が無化すると、エンタメ作品に おける「生産者(プロデューサー)」と「消費者(コンシューマー)」の区別も失効し、原則的にすべてのネットユー ザーが「プロシューマー」となる事態が現出するからだ。自分たちだけがコ ンテンツの制作と流通に携われていた状況が終焉を迎え、演者たちは娯楽の 生産・提供を生業とする「職業人(プロフェッショナル)」から、エンタメを専業としないネットユー ザーと同じ位置——すなわち"素人(アマチュア)"へと"格下げ"されてしまうわけである。

5　アイドルの条件とその不可能性

　このようにエンタテインメントの現在地を把握したとき、「アイドル」が "オワコン"である理由が明確となる。ただし、香月孝史が言うように「ア

イドルという言葉はきわめて多義的に、また融通無碍に用いられてきた」（香月 2020: 111）ことには留意しなければならない。そこで「アイドル」という語を定義しておきたいのだが、香月によれば「アイドル」は「存在としてのアイドル」と「ジャンルとしてのアイドル」に分類可能であり、前者はさらに「偶像崇拝としてのアイドル」と「魅力が実力に優るものとしてのアイドル」に区別できるという（香月 2014）。

　よく知られているように、「アイドル」（idol）という英単語は「偶像」の意味を持つ。「偶像崇拝としてのアイドル」という把握はこの理解に由来するわけだが、「偶像」にはキリスト像やマリア像、仏像といった信仰のために神仏や聖人を模したり象った無機物だけでなく、「盲目的に信じられている者／物」も含まれる。つまりこの捉え方では、アイドルと看做されている人物を（宗教的な教義・経典などに基づくことなく）ファンから盲信的に崇拝されている存在とする認識が示されている。

　次に「魅力が実力に優るものとしてのアイドル」という観方から窺えるのは、歌唱力や演技力、パフォーマンス能力などに対してではなく、「少年性／少女性」「若さ」「未熟さ」「かわいさ」など、本人が備えている性質に対して付与された属性を「アイドル」と看做す理解だ。もちろん、そうした性質＝魅力を持つ者すべてがアイドルと捉えられるわけではない。そこには魅力に基づいた話題性や有名性が欠かせないのであり、明け透けに言うならば「『人気者』であることが『アイドル』であることの根拠になっている」（香月 2014: 35）。しかし「人気者」となるには、個人の魅力に惹かれるかたちでその者に対する崇敬の念が周囲に生じ（このときマス・コミュニケーションが魅力を伝達する上で絶大な効力を発揮する）、彼／彼女を「偶像」として盲信しはじめる人々が増えることが要件となるはずだ。であるならば、「偶像崇拝としてのアイドル」と「魅力が実力に優るものとしてのアイドル」は結局のところ同じコインの表裏であり──だからこそ香月は両者を「存在としてのアイドル」に包括することができている──後者は前者に収斂させられる。

　最後の「ジャンルとしてのアイドル」は、芸能分野や職名としてのアイドルを指す。そのためこの場合の「アイドル」には、演技や歌唱、ダンスなどを専業としない者、それに取り組むことがあったとしても、決して俳優や歌

手のように本業とはしていない者という含意がある。しかし逆に言えば、ア
イドルは独立した芸能分野・職名としてすでに認められており、娯楽を
生業とする「演者＝プロフェッショナル」に定位しているということでもある。

　以上のように整理するならば、「演者」としての側面と、「偶像」としての
側面のそれぞれを備えていることが「アイドルの条件」だと言えよう。われ
われが「アイドル」と看做している存在も例外なく「演者かつ偶像」である
はずだ[7]。ところが、この条件のうち「演者」の側面がいまや"素人化"せざ
るを得ないのは、すでに指摘したとおりである。では「偶像」の側面はどう
であろうか。

　特定の人物が「偶像」として扱われるためには、その者を祀り上げる崇拝
者が存在しなければならない。ナザレのイエスやその母マリアの場合はキリ
スト教徒が、ゴータマ・シッダールタの場合は仏教徒が、彼ら／彼女らを救
世主、聖母、仏として崇拝することでその者たちは偶像と化していく。アイ
ドルであれば、娯楽における観客がその役目を担う。ただし、宗教家たちの
ように聖書や仏典など信仰の裏づけとなる神話的物語を持たない観客は、演
者（オーディション参加者も含む）のヴィジュアルやパフォーマンス、オーラ
に基づいてその者を"神格化"し、偶像として祀り上げる。あるいは「AKB48
の公式ライバル」といったコンセプトであったり、オーディションやインタ
ビューで語られた個人的背景、メンバー間の絆などが観客によって"神話化"
されることも演者をアイドル化させる。また、これらを通して観客も自身を
崇拝者＝"信者"の位置に据えていく。したがって、アイドル化された演者
は娯楽という経済的活動に従事する労働者として世俗（日常）に属しな
がら、"神格化"と"神話化"による"神聖性"（非日常性）も帯びた存在とし
て規定される[8]。彼ら／彼女らは「聖」（非日常）と「俗」（日常）が一体化し
た"神人"（Gottmensch）となるわけだ。

　そしてこのことは、アイドルが自らの言行によって相手の喜怒哀楽を
統制できる特権的存在＝「権威」として"信者"に対して現前することを
意味する。しかし、情報社会において"神聖性"に基づいた「偶像としての
権威」が無化することになるのは、ここまでの議論を追ってきた読者ならば
察知できよう。インターネットのコミュニケーション・パターンを基底＝規

定とする社会において、何者かが「頂点」や「中心」として君臨することは
社会構造的に不可能であるからだ。そこに暮らす人々がプロシューマーとし
て原則的に位置づけられることで、プロフェッショナルたる演者の "素人化"
が起こったのと同様に、それまで "神聖化" されていた存在もまた "世俗化"
し、従来の地位から "格下げ" されるのである。とくにアイドルの SNS 利
用は、そのことをわれわれに端的に示してくれている。

　アイドル本人によって SNS アカウントが開設され、ネット上に自らの想
いを綴った文章や、プライベートをとらえた動画像が（"運営" の管理下ではあ
ろうが）アップロードされることはいまや珍しくない。その上で DM やコメ
ント欄の開放、ストーリーズ機能を使った質問募集、ライブ配信などを通し
た交流が行なわれている。こうした試みは、彼ら／彼女らが「演者」や「偶
像」としてではなく「一個人」「ひとりの人間」としての側面を垣間見せる
ため、ファンからは好意的に受け止められている。アイドルとの心理的距離
が接近し、より親近感を抱きながら「推す」ことができるためだ。だが、上
位の存在として敬遠されることに由来する "神聖性" と、そうした垂直的関
係の強固さが緩むときに抱かれる「親近感」は相容れるはずがない。アイド
ルが SNS の利用によって親近感を獲得できているのは、コミュニケーショ
ン的には上位から下位への一方向的かつ非対称的な構図を持つ従来の「アイ
ドル／ファン」関係に、双方向に返信を往還させられる対称性を持ち込み、
両者の地位をフラット化しているからである。このことが偶像としての権威
を無化し、"神人" の座を自ら放棄する、いわば "人間宣言" となるのは容易
く想像できよう[9]。

　斯くして情報社会は「アイドルの条件」を実現不可能とする様相を帯びる。
本章が「アイドル」を "オワコン" と判定するのも、インターネットのコミュ
ニケーション・パターンを基底＝規定とする現代社会において、彼ら／彼女
らが「演者としての権威」と「偶像としての権威」をともに喪失せざるを得
ないからにほかならない[10]。

6　おわりに

　「アイドル」はもはや成立困難である。それでも、個人として誰かを "神

聖化"し、その者を自分にとっての偶像＝"神人"に祀り上げる——「推す」ことは可能だ。その意味ではいまだ「アイドル」は存続し得る。しかし特定人物のアイドル化に固執するならば、その行為は何者かが権威に奉じられることを許容しない社会構造との間に不協和音を生じさせる。「アイドル／ファン」関係の構築と護持に執着することは、個人の私的な"幻想"の共有を、アイドル化された当事者のみならず匿名の他者たちに強要する自己中心的な行動として社会的に看做されるからだ。そのため"幻想"が——「推し」に対する過大な賛美・擁護の言説や、自分こそが「推し」の心境を理解できているとする過剰なまでの自意識というかたちで——「自己表現」としてSNSにアップロードされた際は、その身勝手な思い上がりに対するアノニマスからの非難や拒絶反応に晒されることを免れない。このとき否定的なリアクションをしたのが「推し」本人だった場合、"幻想"の持ち主のなかには自分を幻滅させた彼／彼女に対して、誹謗中傷や偽情報の拡散、より剣呑なところでは殺害予告といった反社会的あるいは犯罪的な行為を選択することで自己防衛的な反発を示す者もいる。

　一方、「アイドルの条件」を満たすことが不可能にもかかわらず、「演者かつ偶像」の達成を要請され続ける「推される側」は、社会構造と"幻想"との二律背反に引き裂かれることとなる。昨今、精神衛生に起因すると思われるアイドルの体調不良や活動休止が散見されるのは、こうした事情が所以となっているように感ずる。しかも、この"幻想"をアイドル自身が抱いている場合は、より複雑に自己が分裂していき、精神的な負荷も過酷となる。実際、近年のアイドルには先輩メンバーに憧れてグループに加入した者も多く、自らが"信者"として理想に掲げていた「アイドル像／アイドル観」へと自身の潜在的可能性を顕在化＝現実化できていない現況に苦悶し、その胸中がSNSやブログなどに吐露されている場面は少なくない[11]。

　いずれにせよ、情報社会において「アイドル」は各人の主観的な心情＝信条に基づくことで存立する「ポスト・トゥルース」的な様態をとらざるを得ない。このことは他方で、娯楽的には素人だとしても、ネットユーザーであれば誰しもが「遊戯＝自己表現」として"アイドル"を演じることが可能だとも言える。YouTuber や VTuber、Instagramer といった"インフル

エンサー"が高圧的で断定的な態度を以って"カリスマ性"や"大物感"を
演出し、信奉者（フォロワー）たちを囲い込んでいる事実は、往年のアイドルたちが芸能事
務所やマスコミ各社を主催とするオーディションに参加し、両者の共犯関係
に支えられながら「演者かつ偶像」としてファンを獲得していたのとは異な
り、まさに"偶像（アイドル）"が遊戯のかたちで自己（セルフ）プロデュースされていることの証
左であろう[12]。

〔付記〕

　　本章は、2017年3月に韓国・成均館大学で開催された日韓院生合同研究発表会に
　おいて、「エンタテインメントの現在——情報社会における遊戯の〈復活〉」と題し
　て筆者が行なった口頭発表の原稿を大幅に加筆修正したものである。

注

1　すでに「伊藤園」や「PARCO」がAI生成した人物モデルを広告に起用した実例があ
　る。
2　W・ベンヤミンによる「遊戯空間（シュピールラウム）」（Spielraum）の議論を参照のこと（Benjamin
　1936＝1995）。また「芸能人は夢を売る商売」と評されるのも、ここに由来する。
3　テレビ番組や新聞・雑誌記事に著作権が付与されていることや、放送事業が法律に
　基づいた免許事業であり、誰もが自由に参入できるわけではないことを想起されたい。
4　この事実は芸能事務所が"運営"と呼称されたり、出演作品に対する"事務所の方針"
　がファンの間で囁かれる場面などにも現れている。
5　今般の騒動のみならず、2016年の「SMAP」解散時においても旧ジャニーズ事務所
　やマスコミ各社に対する批判がSNS上で噴出し、それに応じるかたちで双方からコ
　メントや立場表明がその都度なされたが、そのように"ネット世論"の動向に気遣わな
　くてはならないことがまさに両者の権威失墜を物語っている。
6　2016年に世界規模で"バズる"こととなった「ピコ太郎」の「PPAP」は、ネットコン
　テンツが自己表現として自主制作されたものであることを示す好例であろう。
7　演者ではない偶像はクラスや職場の"マドンナ"がせいぜいのところであり、偶像で
　はない演者は俳優か歌手などの名称がすでにつけられている。むしろ、この「条件」
　を満たしているならば、仮に「アイドル」と称されていなくとも、実質は「アイドル」
　として看做せる。
8　ドルオタたちによって、関連グッズを飾り立てた場所が"祭壇"と呼ばれ、「推し」
　の魅力を人々に伝え回る行為が"布教"と称されている事実は、アイドルに"神聖性"
　が付加されていることを傍証している。

9　ただし，「アイドル／ファン」関係に双方向性や水平性（フラット）を導入することは，物理的距離の近接に基づいた親近感の醸成を目論んだ「握手会」などで SNS が隆盛する以前からなされていた。したがって「会いに行けるアイドル」というコンセプトは，“運営”や当人たちの自覚の有無にかかわらず，アイドルによる自己否定以外の何物でもない。

10　上岡（2023）は「アイドル」が何たるかを定める「規則」がその多様化に伴って再検討を迫られていると指摘しており、そうした中で従来のアイドル像が温存されることは、アイドル自身に旧態依然とした認識・価値観との不具合や葛藤を抱かせると論じている。既存のアイドル観が無効化しているとする点は本章と立場を同じくするが、上岡が謂うところの「アイドル」があくまで「ジャンルとしてのアイドル」に留まっており、「演者かつ偶像」という条件の片方のみにしか注目されていない点には留意すべきであろう。

11　特定のアイドル像を規範的理想とすることは，自らのヴァーチャリティが十全に発揮できず，〈自己肯定〉の阻害に実はなってしまう。この点については拙稿「『自己を肯定すること』と『唯一者』——情報社会におけるマックス・シュティルナーの思想」（『目白大学総合科学研究』第20号所収）を参照されたい。

12　ただし、この結論が現在の（あるいは将来の）アイドル活動を“お遊び”として貶める意図のものではないことは弁明しておく。

〔参考文献〕

Benjamin, W. (1936) "Das Kunstwerk im Zeitalter seiner technischen Reproduzierbarkeit," Zweite Fassung, Tiedemann, R. und Schweppenhäuser, H. Hrsg., 1989, *Gesammelte Schriften*. 7(1) , Suhrkamp, 350-84. = ベンヤミン，W ／久保哲司訳 (1995)「複製技術時代の芸術作品〔第二稿〕」浅井健太郎編訳『ベンヤミン・コレクション I 近代の意味』筑摩書房，583-640.）

大黒岳彦 (2010)『「情報社会」とは何か？——〈メディア〉論への前哨』NTT 出版.

Huizinga, J. (1938) *Homo ludens: Proeve eener bepaling van het spel-element der cultuur*, H. D. Tjeenk Willink & Zoon. = ホイジンガー，J ／高橋英夫訳 (2019)『ホモ・ルーデンス』中央公論新社.）

井上俊 (1977)『遊びの社会学』世界思想社.

———— (1995)「生活のなかの遊び」井上俊・上野千鶴子・大澤真幸・見田宗介・吉見俊哉編『仕事と遊びの社会学 岩波講座 現代社会学 第20巻』岩波書店，1-16.

上岡磨奈 (2023)『アイドル・コード——託されるイメージを問う』青土社.

香月孝史 (2014)『「アイドル」の読み方——混乱する「語り」を問う』青弓社.

──── (2020)『乃木坂46のドラマトゥルギー──演じる身体／フィクション／静かな成熟』青弓社.

McLuhan, M. (1964) *Understanding Media: The Extensions of Man*, McGraw-Hill Book Company. ＝マクルーハン，M ／栗原裕・河本仲聖訳 (1987)『メディア論──人間拡張の諸相』みすず書房.）

山口達男 (2024)「『自己を肯定すること』と『唯一者』──情報社会におけるマックス・シュティルナーの思想」『目白大学総合科学研究』(20).

【ソシオ情報シリーズ 23】
　　変容する社会と課題の認識・設計
　　―社会課題の解決に向けて―

執筆者一覧

廣重 剛史	目白大学 准教授	社会哲学・社会デザイン	第 1 章
井口 尚樹	目白大学 専任講師	社会学	第 2 章
内田 康人	目白大学 教授	社会情報学・計算社会科学	第 3 章
柳田 志学	目白大学 専任講師	国際ビジネス・サービスビジネス	第 4 章
長崎 秀俊	目白大学 教授	マーケティング・ブランド戦略	第 5 章
田中 泰恵	目白大学 教授	社会デザイン	第 6 章
林　俊郎	目白大学 名誉教授	社会情報学	第 7 章
日比 香子	目白大学 准教授	食品科学・食育	第 8 章
江良 智美	目白大学 専任講師	デザイン学・服飾文化	第 9 章
松岡　陽	目白大学 助手	介護福祉	第10章
宮田　学	目白大学 教授	絵本の構成・デザイン	第10章
山口 達男	目白大学 助教	情報社会論	第11章

変容する社会と課題の認識・設計
　　——社会課題の解決に向けて——

ソシオ情報シリーズ23

令和6年3月25日　初版発行

定価はカバーに表示してあります。

Ⓒ編著者　　　目白大学社会学部社会情報学科

発行者　　　吉　田　敬　弥

発行所　　　株式会社 三 弥 井 書 店
〒108-0073東京都港区三田3-2-39
電話03-3452-8069
振替00190-8-21125

ISBN978-4-8382-3416-5 C0036　整版・印刷　エーヴィスシステムズ

ソシオ情報シリーズ　バックナンバー